Abel CANTRELLE

MÉRU

PENDANT LA GUERRE

NOTES ET SOUVENIRS

Prix : 0 fr. 50

MÉRU
PENDANT LA GUERRE

NOTES ET SOUVENIRS

Abel CANTRELLE

MÉRU
PENDANT LA GUERRE

NOTES ET SOUVENIRS

En Vente :

Au *Réveil de Méru*.
Ch. BEZANÇON, 83, rue Nationale.
VAILLANT, 54, rue Nationale.
LEMAIRE, avenue Victor-Hugo.
BIGAULT, 55, rue Nationale.

AMI LECTEUR,

Ce petit opuscule n'a pas été fait pour déplaire ; n'en doutez pas. L'intention a bien été toute contraire.

Si toutefois cela était, n'en veuillez pas trop à l'auteur de s'être trompé ; il en est assez fâché et vous présente, dans ce cas, ses plus sincères regrets.

A. C.

Méru, le 15 mai 1915.

MÉRU
pendant la Guerre

Je ne m'étendrai pas sur les événements qui ont précédé et suivi la déclaration de guerre de l'Allemagne à la France. La presse a suffisamment relaté toutes les péripéties de cette phase angoissante et c'est peine inutile d'y revenir.

Je ne discuterai pas davantage la panique qui s'est emparée de la population dans une partie de notre département de l'Oise. Il me suffira de constater avec regret que cette débâcle a été la cause de bien des infortunes : de nombreuses familles sont allées à la dérive, attendant avec anxiété que les nouvelles que l'on voudra bien leur faire parvenir leur rendent la confiance qui leur a été si brutalement enlevée.

*
. * *

Aussitôt la mobilisation et sur l'initiative de M. Louis DESHAYES, maire, la Municipalité organise des commissions spéciales pour l'alimentation et le travail de ceux qui nous restent. Les ressources présentes de la Ville avec le montant des sommes généreusement versées par un certain nombre de nos concitoyens vont lui permettre l'installation immédiate de fourneaux où les plus nécessiteux pourront avoir journellement du pain, de la viande, du bouillon et des légumes en quantité suffisante.

MM. GAUTHERIN et LEGRAND, conseiller municipal, sont chargés des achats et la Commission de l'assistance en assure le bon fonctionnement.

M. GAUDELET va faire ladite installation au-dessous de l'hôtel de ville, dans la partie réservée à la remise du matériel divers.

Des citoyens et des citoyennes de bonne volonté s'offrent spontanément pour assurer les services de la cuisine et de la distribution.

Dès le lendemain de cette réunion, tout le personnel est à son poste.

La soupe est distribuée à environ 500 familles et près de 1.400 rations sont réparties, dont moitié à midi et moitié le soir.

MM. DÉGREMONT frères offrent du combustible et c'est une affaire bien réglée.

Il ne reste plus maintenant que la question du travail, qui paraît plus difficile à résoudre; mais, avec la bonne volonté de chacun, l'on espère y arriver.

M. HALOTIER, chef cantonnier, est désigné pour former des équipes avec les personnes inscrites pour le ramassage des cailloux. Des propriétaires mettent aussitôt leurs terrains à sa disposition. D'autre part, M. DAMVILLE, architecte, se charge de réunir un groupe de terrassiers pour l'exécution de certains travaux de voirie; M. BERGERET, conseiller municipal, accepte, lui aussi, sa part de direction.

Tout, de ce côté, paraît être en bonne formation et l'on va se mettre à l'œuvre.

Il est également entendu que l'on mettra tous ces travailleurs dans la possibilité de pouvoir réaliser un gain journalier de 3 francs, qui leur sera versé un tiers comptant et deux tiers après la guerre.

Le 4 août, la Municipalité organise la garde civique, chargée de la protection des jardins et récoltes sur le territoire de la commune, ainsi que de la police de la ville. Trente-sept citoyens signent l'engagement et, par la suite, ne chôment pas dans leur tâche.

En outre, le 6 août, M. le Maire désigne M. Eugène BOCAUX en qualité de garde civil pour la protection des récoltes, jardins, etc., et pour la police intérieure de la ville et de la voirie.

Plusieurs dames de la ville sont convoquées pour l'ouverture de salles de couture. Mme THÉROUDE, qui fut l'heureuse instigatrice de ce bon mouvement, est nommée de droit présidente. Chaque femme qui participera à ce travail aura 0 fr. 50 par jour et si cette petite somme est reconnue insuffisante, la Municipalité pourvoira à un supplément en nature.

Mais, hélas! nous avions tous compté sans les revers. Quelques jours seulement d'activité et tout s'écroule, tel un château de cartes !

L'exode folle fait des vides dans nos rangs : une traînée de poudre et c'en est fait de nos illusions !

Il ne reste de tout cela, heureusement encore, que les fourneaux qui ne s'éteignent pas. Les malheureuses familles dans la détresse, que ce sauve-qui-peut plonge dans l'anxiété, ne sont pas abandonnées.

Voilà la triste situation qui nous est faite vers la fin d'août.

Télégramme du Préfet de l'Oise
au Maire de Méru (27 août 1914).

Exode des populations gêne les mouve-

ments des troupes. Inviter concitoyens à
ne pas quitter leur pays. Rendez les routes
libres sans cesser surveillance.

*   *
*

Brusquement j'arriverai au 29 du même
mois et j'essaierai maintenant de relater
ce qui s'est passé dans notre petite ville
abandonnée à partir de cette date inou-
bliable.

A ce moment donc, les Méruviens, qui
luttent encore contre l'affollement, per-
dent de leur assurance ; les nouvelles
deviennent de plus en plus alarmantes
et jettent dans le public une véritable
panique !

Les commerçants, apeurés, abandon-
nent leurs magasins ; le rideau de fer
apparaît sur toutes les devantures. C'est
un affolement général, d'autant plus que
la presse commence à ne plus donner
que très rarement des communiqués offi-
ciels. La rue Nationale est sillonnée de
gens qui partent à la hâte et les deux
trains montants et descendants laissés

en fonction par la Compagnie du Nord
se trouvent insuffisants ; les bagages
vont bientôt ne plus être acceptés.

Des émigrés belges, hommes, femmes
et enfants, au nombre de 70 à 80, arrivent
à Méru par la route. Ils sont reçus à la
mairie ; comme c'est l'heure de la soupe
de midi et que les rations sont encore
plus nombreuses que de coutume, ces
malheureux eurent la satisfaction d'en
bénéficier.

Un établissement fermé pour cause de
non clientèle ouvrit ses portes et mit son
matériel à la disposition pour ce déjeuner
improvisé. Ce repas terminé, tous ces
malheureux reprirent la direction de
Gisors.

Pauvres gens !

Communication de la Mairie de Méru
(29 août).

Je suis autorisé officiellement à rassurer
complètement la population de Méru contre tout danger imminent d'invasion.

L'évacuation de certaines villes du Nord
est uniquement motivée par les nécessités
militaires et l'établissement des effectifs

considérables des armées franco-anglaises du Nord.

Je recommande à la vaillante population de Méru le plus grand calme et le plus grand sang-froid ; je prie les habitants de me signaler les colporteurs de fausses nouvelles, qui seront aussitôt déférés aux autorités militaires.

Faites votre devoir patriotique et ayez *confiance !*

Le Maire, Député de l'Oise,
Louis DESHAYES.

Malgré ces rassurantes paroles, du 29 au 31 l'exode des populations du Nord continuant et les mauvaises nouvelles persistant à se répandre, c'est la débandade complète.

Justement préoccupé de la gravité de la situation, M. DESHAYES, maire de Méru, qui n'oublie pas ses devoirs parlementaires, se rendait le 30 à Paris pour y chercher des nouvelles précises et connaître l'intention du Gouvernement.

Il se rend successivement à la Chambre des députés et au Ministère de la guerre, où il est informé des graves mesures qui viennent d'être prises, tant à l'égard du Parlement qu'au point de vue de la mobilisation des hommes valides de notre région.

Mobilisable lui-même, appartenant à la classe 1887, il est invité à se tenir à la disposition de l'autorité militaire et il envoie immédiatement, le 1er septembre, à 7 heures du matin, à ses adjoints le télégramme suivant :

Mairie de Méru.

Mobilisation imminente, sinon engagement volontaire; prenez tous pouvoirs. Attendez nouvelles.

Signé : DESHAYES.

Malheureusement, pour comble à la lamentable situation, le service postal et télégraphique est suspendu et cette dépêche ne devait ainsi parvenir à Méru que le 21 septembre suivant !

De leur côté, la gendarmerie et les services financiers avaient été évacués par ordre.

Déjà, la veille, le parc à bestiaux du camp retranché de Paris, installé depuis plusieurs semaines dans le pré de M. Languedoc, avait été ramené vers Paris.

Le service médical n'est plus assuré. Sur les trois pharmaciens, un seul laisse son officine à la direction d'un brave employé (pharmacie André). Et de docteur, point.

M. le Préfet de l'Oise est aussitôt mis au courant, mais ne change rien au tableau noir. Enfin, il ne faut rien attendre, ne pas désespérer quand même et s'armer de courage pour lutter jusqu'au bout.

*Télégramme du Préfet au Maire de Méru
(31 août).*

J'apprends que des maires et des secrétaires de mairie conseilleraient aux habitants de fuir leurs demeures ; vous recommande instamment de vous abstenir de pareils conseils, dangereux à la fois pour les populations et pour les troupes ; maires doivent donner exemple du calme et du sang-froid. Suis persuadé que vous ne faillirez pas à ce devoir.

Du 1er au 4 septembre, notre petite ville, si mouvementée d'ordinaire, ressemble plus à une nécropole qu'à la dernière agglomération vivante. A part quelques commerçants décidés, tous les autres, ainsi que je l'ai déjà dit, sont partis. Parmi ceux qui ont résisté, nous citerons :

Mme Angonin, dont le mari est mobilisé. Son hôtel est resté grand ouvert et elle fait des affaires en' désintéressée ; mais peu lui importe, elle rend de grands services ;

M. Lefèvre-Vasset fait aussi beaucoup d'affaires. Son magasin de chaussures a été assailli, sans que pour cela personne n'en souffre ; le crédit et le comptant sont acceptés avec la même amabilité. Il n'y a qu'un but commun : se rendre utile ;

M. et Mme Mignon, fruitiers, tiennent également bon. Ils font l'impossible pour assurer l'approvisionnement, mais le stock s'épuise vivement et ce n'est pas facile de le renouveler. Même désintéressement ;

Leur voisin, M. Péneau, marchand de tabac, fait marcher son affaire comme à l'ordinaire ; à aucun prix il ne veut abandonner ;

Les épiceries LEGRAND et LEFÈVRE-LAIRE ont des gérants qui les remplacent ;

L'épicerie en gros DELON reste ouverte ;

La librairie BEZANÇON est tenue par M. BRARD, son beau-père, qui se multiplie pour l'affichage de quelques journaux qui lui parviennent indirectement ;

M. BONNIER reste aussi des nôtres. Plus méritant que tout autre encore, il a droit à toutes les félicitations pour son attitude vraiment courageuse ; il met son matériel à la disposition du public ;

M. GAUTHERIN, marchand de vins en gros, multiplie les encouragements aux habitants et ses conseils sont d'une grande utilité ;

L'hôtel CHAPRON et les deux coiffeurs PERRAUDIN et HOUDAN n'ont pas non plus quitté la ville ;

Deux charcuteries restent ouvertes : celle de M. MORIN, conseiller municipal, et celle de M. VAILLANT ;

Les boulangeries LEBEC, DESLANDES et DELAHAYE, la SOCIÉTÉ COOPÉRATIVE, les boucheries ROGER et SAGERET assurent dans la mesure de leurs moyens, avec des équipes de secours, tout ce qu'il faut aux rescapés de la tourmente;

Mme MAILLE, marchande de grains, est aussi bien décidée à ne pas quitter sa maison;

Un chaudronnier seulement reste ouvert: M. GAUDELET, conseiller municipal.

N'oublions pas notre dévoué appariteur, M. GODARD, qui est resté sur la brèche.

Plusieurs de nos commerçants lui ayant confié leurs clefs, il se fait le vigilant gardien de leurs magasins et le véritable sosie des absents.

Produits pharmaceutiques, bonneterie, laine, quincaillerie, épicerie, etc., sont l'objet des affaires qu'il traite en maître.

Je ne crois pas avoir fait d'omission dans cette liste et force m'est de la clore; je m'excuse néanmoins auprès des personnes que j'aurais oubliées.

De la classe bourgeoise il n'en est plus question ; les quatre cinquièmes de notre population ont disparu. A citer aussi de nombreuses familles ouvrières qui n'ont pas craint de prendre la route poussiéreuse pour marcher à l'aventure.

Et pendant tout ce temps, qui semble bien long, les racontars font l'objet de rassemblements où l'on discute. Quelles terribles heures nous vivons ! je ne puis le décrire. Terrible chose qu'est la peur !

Dans la journée du mercredi 2 septembre, une certaine quantité de troupes françaises de toutes armes traverse la ville et une partie passe la nuit campée sur la place des Ormes et route de Pontoise. Toutes ont été dignement reçues par les habitants et chacun rivalisa de générosité envers les braves enfants de la France. Là encore, Mme ANGONIN se surpasse et offre du vin en grande quantité ; d'autres l'imitent.

Ces troupes, qui viennent de combattre au loin, paraissent quand même avoir de l'entrain ; le sourire qui éclaire leur visage en dit beaucoup. C'est à nous de comprendre.

Le 3, c'est à peu près la même situation que la veille : autre passage de troupes, qui reçoivent le même accueil et cherchent à rassurer les femmes, qui demandent des nouvelles des leurs. Le canon tonne dans la direction de Compiègne. Journée d'énervement pour tous.

M. le Préfet de l'Oise fait une courte apparition à l'hôtel de ville et les femmes, qui attendent en vain leur allocation journalière, font une petite manifestation qui prend bientôt fin sur des promesses réciproques.

Des invitations au calme sont adressées à la population et les citoyens possédant des armes sont invités à les remettre immédiatement à la mairie.

Un avis de M. le Ministre de la Guerre fait appel à tous les hommes mobilisables des régions Nord et Nord-Est de la France pour rejoindre soit Versailles, Paris ou Brest par n'importe quel moyen de locomotion. C'est donc un nouveau défilé qui s'opère aussitôt.

Notre sympathique secrétaire de mairie, M. Georges ANGER, se trouve touché comme tous les autres et quitte précipitamment la mairie pour se rendre à Brest. Et de ce fait nouveau notre organisation civile se trouve encore bien ébréchée. Mais nous ne sommes pas au bout de nos tribulations.

Vendredi 4. — La journée paraissait se terminer avec un peu plus de calme quand, vers 5 heures du soir, une automobile montée par un commandant de gendarmerie accompagné de deux gendarmes arrivait en bolide à la mairie. Ayant demandé M. HAMEAU, l'officier le mit en état d'arrestation pour avoir apposé sa signature sur un passeport irrégulier; notre second adjoint fut emmené à Triel, d'où il ne revint que le surlendemain.

Nous sommes toujours sans aucun médecin !

Samedi 5. — De grand matin, M. BRÉ-

BANT se rend à Beauvais. Reçu par M. le Préfet, il lui expliqua notre très mauvaise posture et l'arrestation de son collègue et ami. M. le Préfet lui fit promesse de s'en occuper sur-le-champ.

Dès le retour à Méru du premier adjoint, le Conseil municipal est aussitôt réuni. Etaient présents : MM. BRÉBANT, MINEL, BLOQUET, DESLIENS, MORIN, CANTRELLE. Excusé : M. GAUDELET, malade.

Il fut donné connaissance du résultat de l'entretien avec M. le Préfet et communication d'une lettre de M. VIOLETTE, notaire.

Ce dernier s'excuse d'être obligé de nous quitter et fait remise d'une somme de 1.000 francs pour les pauvres de la ville. Des remerciements lui furent unanimement adressés et son départ fut reconnu légitime.

Le canon gronde toujours autour de nous et l'inquiétude s'accroît.

A ce moment, personne ne veut plus accorder crédit aux gens qui nous apportent des nouvelles et c'est fort heureux, car elles furent, par la suite, reconnues fausses pour la plupart.

Dimanche 6. — Journée d'attente avec un peu plus de calme. Des journaux commencent à faire leur nouvelle apparition, grâce à quelques concitoyens dévoués qui allèrent les cueillir dans les environs de Gisors. A citer parmi ces dévoués : M. LANDRY, qui n'hésite pas à se rendre à bicyclette dans cette ville et se met à la disposition de tous, malgré son âge, pour dévorer des kilomètres.

L'on constate dans cette journée le retour de deux ou trois commerçants atteints de nostalgie. L'état d'énervement semble diminuer.

Les hulans sont signalés aux environs de Méru.

Lundi 7. — Retour de notre receveur municipal, M. BROCHARD, qui était allé conduire sa famille à Laval (Mayenne). M. LEGRAND, conseiller municipal, fait lui aussi sa réapparition. Absents pour la même cause, MM. MAILLARD et MELIN, conseillers municipaux, sont également de retour; leur absence a été de courte durée.

Dans cette même journée, une réclamation est faite à la Commission de ravitaillement : M. A..., ayant quitté Méru dans des conditions de précipitation telles qu'il n'avait pas eu le temps d'enlever ses cinq porcs, avait informé ladite Commission d'en disposer. Mais, de retour, il devint un « Saint-Antoine » suppliant : « Voulez-vous me les rendre mes cochons, s. v. p., car j'apprends que vous ne les avez pas encore exécutés et, à cette occasion, je vous en ferai l'abandon d'un seul et du plus beau. » Ceci fut accepté, un peu à regret il est vrai.

Des hommes de bonne volonté sont demandés par la Commission de ravitaillement pour l'enlèvement des fruits et des légumes des jardins mis à sa disposition par MM^mes BLANQUART et DESHAYES, MM. HARDY et DRÉZEL & Cie.

Passage d'un aéroplane vers 6 h. 1/2 du soir.

Mardi 8. — Situation presque inchangée. Toujours le bruit du canon. Réunion de la Commission d'assistance. Retour de quelques égarés.

Mercredi 9. — Passage d'une locomotive sur la ligne Beauvais-Beaumont.

Un service postal de fortune s'organise de Méru à Beauvais et de Méru à Gisors.

M. MELIN, qui possède une voiture automobile, s'est mis à la disposition de la Municipalité et se charge gratuitement de ce service avec beaucoup d'autres. Les lettres arrivent petit à petit ; cela fait prendre patience.

Une patrouille de dragons français circule dans la ville et, après quelques renseignements, elle reprit la route de Pontoise. C'est bien à tort que des gens ont insisté pour laisser croire que cette patrouille était allemande.

Un Méruvien vient de décéder, faute de soins, M. Constant CAFFIN.

Nous attendons toujours l'arrivée d'un docteur qui ne vient pas. Il est vrai qu'il n'y a eu aucune promesse de faite et je me demande même si l'administration

compétente a tenu compte de notre réclamation !

C'est à nous de tenir bon et de ne pas
être malades. Heureusement, depuis ces
quinze jours, aucun accident ni maladie
graves ne sont survenus dans notre petite population.

Toujours le canon tonne !

Jeudi 10. — C'est la journée de grande
émotion. La plupart des Méruviens se
trouvaient encore au lit vers 5 h. 1/2 du
matin, mais ce ne fut pas pour longtemps. A 5 h. 55 exactement, une forte
détonation acheva de réveiller les plus
somnolents. Les fenêtres s'ouvrirent précipitamment et chacun se demanda ce
qu'il y avait. Cette surprise n'avait absolument rien d'agréable, mais peu à peu
l'émotion se calma, dans l'attente cependant des renseignements sur ce cas inex-
plicable puisque nous n'avions pas encore vu d'Allemands dans notre ville.

A 6 h. 15, quatre détonations succes-
sives et d'une intensité encore plus forte
se firent entendre.

Personne n'y tint plus et des rassemblements se formèrent. Avides de nouvelles, on apprit bientôt par les habitants du faubourg d'Agnicourt qu'un attentat de destruction venait d'être commis sur la ligne du chemin de fer, au passage à niveau de Sandricourt.

La fumée indiquant exactement l'endroit, plusieurs bicyclistes arrivèrent sur les lieux.

Voici ce qui s'était passé :

Quatre soldats allemands montés dans une automobile venaient, quelques minutes avant, de faire sauter au moyen de pétards la voie du chemin de fer Méru-Labosse, à Hénonville; leur coup fait, ils partirent à toute allure, traversèrent Amblainville, Sandricourt et atteignirent le passage à niveau, où ils trouvèrent la garde-barrière à son poste.

Descendus en hâte, les soldats prièrent cette femme de rentrer chez elle, posèrent sur les deux rails des cartouches et les firent exploser; ce fut pour eux l'affaire de quelques minutes et ils reprirent la même direction (celle supposée de Clermont).

Enchantés de leur coup, ces Allemands, qui avaient été pris pour des Anglais, Belges ou autres alliés à notre cause, riaient aux éclats en traversant le faubourg.

Les premiers arrivés sur les lieux trouvèrent une cartouche intacte, qui fut mise en lieu sûr.

Les dégâts commis étaient insignifiants et la réparation facile, heureusement.

M. MELIN, accompagné de quelques amis, chauffa aussitôt et alla prévenir la préfecture, qui venait d'être officiellement avisée du passage de ces Allemands à Noailles, ce qui indique bien qu'ils venaient de Clermont.

L'ingénieur de la Compagnie du Nord ainsi que quelques agents rencontrés venant reprendre leur poste furent aussi mis au courant, afin d'éviter une catastrophe pour le cas où la ligne, qui avait été reconnue intacte la veille, ne soit pas mise de nouveau en activité.

Inutile de dire que cette journée a été très mouvementée.

Vendredi 11. — Pas d'incident nouveau ; le calme renaît avec le retour des expatriés.

Samedi 12. — La trésorerie générale, qui fonctionne, avise la Municipalité qu'elle tient à sa disposition le montant des allocations journalières.

Mais la circulation devient impossible ; à Beauvais, on ne veut plus admettre la marche des automobiles et pour nous surgit encore cette difficulté : comment faire pour aller toucher ? Le commandant de la place est très sévère sur ce sujet. Des troupes françaises sont attendues à Beauvais et la consigne ne peut s'enfreindre facilement.

Il fut convenu que l'automobile serait remisée quelques kilomètres avant Beauvais et qu'alors on prendrait pédestrement la route pour se rendre à la trésorerie, ce qui réussit admirablement.

MM. BROCHARD et MELIN rapportèrent

la somme que les Méruviennes atten-
daient depuis si longtemps.

Les nouvelles de la guerre deviennent
meilleures et, avec la caisse garnie, tout
cela remet un peu de calmant sur la
plaie.

Dimanche 13. — Distribution des fonds
aux ayants-droit, avec un avis de la
Municipalité priant les bénéficiaires de
ne pas faire mauvais usage de l'argent
qui vient de leur être distribué, car à
partir de ce jour ils n'auront plus droit
aux soupes journalières.

Les nouvelles sont encore plus satis-
faisantes que la veille. La presse annonce
une victoire des troupes alliées avec le
refoulement des Allemands sur tout le
front de bataille.

Beaucoup plus de mouvement dans la
ville. Les visages quittent leur masque
de tristesse et tout le monde maintenant
reprend courage. Une demi-douzaine de
devantures reprennent leur aspect d'au-
trefois; ce n'est plus la ville morte d'il y
a une dizaine de jours.

M. Brard arbore son drapeau et pré-
tend, sur certaines observations, qu'il
n'est pas trop tôt de le faire, ce que nous
souhaitons tous de tout cœur.

Passage de plusieurs aéroplanes re-
morqués par des camions automobiles.

Le soir, une forte lueur s'élève dans le
ciel, dans la direction de Chantilly. Quel
est cet incendie, qui paraît important?
Impossible de le savoir. Malheur de plus,
certainement!

Lundi 14. — La presse confirme nos
succès. Les rues deviennent beaucoup
plus animées et le retour s'opère toujours
petit à petit.

M. Halotier a repris la direction du
terrassement pour quelques ouvriers qui
se sont fait inscrire à nouveau et le ramassage des cailloux se fait maintenant
pour le compte de M. Bonnier.

Mardi 15. — Situation inchangée. Les
communications deviennent plus faciles
et plusieurs de nos amis entreprennent
d'aller se rendre compte *de visu* des dé-

prédations commises par les Allemands dans la ville de Creil.

Il résulte bien de cette courte visite que tout ce qui avait été dit sur l'occupation de l'ennemi dans cette ville était justifié.

Dans une des rues principales, le pillage s'est fait dans toute son horreur et, ce crime accompli, un plus grand encore vint s'y ajouter par la destruction complète de tous ses immeubles. C'est un véritable désastre. Les pauvres gens reviennent aujourd'hui pour la première fois et pleurent parmi les décombres qui leur restent. C'est la ruine qui apparaît pour tous ces malheureux inconsolables.

Là où le feu n'a pas passé, c'est un désordre sans nom : portes et fenêtres éventrées ; mobiliers, linges, papiers, tout gît pêle-mêle. Les caves sont vides partout et des traces ignobles indiquent l'orgie à laquelle s'est livrée cette horde déchaînée.

Quelques femmes de mauvaise vie n'ont pas craint de se mêler à ces scènes inqualifiables. Elles ont, dans leur précipitation de fuir, laissé des pièces à conviction qui les feront, espérons-le, retrouver en temps voulu.

Le directeur d'une administration importante nous conta que sa literie, qui servit à vautrer ces monstres, était partie souillée et partie disparue.

115 otages ont été retenus pendant huit jours. Parqués sur un terre-plein parallèle à la rivière de l'Oise et près du pont, qui n'existe plus, ces malheureux étaient exposés aux caprices de 500 à 600 Allemands qui les terrorisaient. Laissant faire et laissant dire, dans la complète impossibilité d'une réflexion, ils ont assisté à tout cela !

M. BODIN, un ex-compatriote, a failli être fusillé et n'a dû son salut qu'à la fuite, dans laquelle il se blessa assez grièvement. Des soins cependant lui ont été donnés par un médecin allemand, qui le ramassa le lendemain. Il avait été accusé de la mort d'un soldat allemand, tué chez lui par une balle française.

Seule défense de Creil, mais régulière.

Ce rescapé s'en souviendra, lui aussi. Son magasin n'a pas été épargné ; il ne lui reste plus rien, que son habitation intacte avec la vie sauve, ce qui lui suffit pour l'instant. Il se déclare encore privilégié.

Un autre ex-Méruvien, M. MONPAIN, qui revient également reconnaître son habitation, nous conte après sa visite dans la rue qu'il ne lui en reste pas plus qu'aux autres ! Ses instruments de musique ont servi aux Allemands dans leur orgie. Des voisins ont vu ces derniers allumer des incendies et danser en rond au son de ces instruments. Cruelle ironie !

La municipalité de Creil avait abandonné son poste, paraît-il ; seul le juge de paix était resté.

De sa propre initiative, ce méritant fonctionnaire a fait appel à la population présente pour respecter les habitations évacuées. De sa main il en a tracé, sur toutes les devantures baissées, le libellé à la craie.

Mais nos amis en ont assez ! Ils remontent en voiture et reviennent à Méru, où rien d'extraordinaire ne s'est passé pendant leur absence.

Mercredi 16. — Les mêmes amis de la veille reprennent la même route, pour aller cette fois un peu plus loin, côté de Senlis et de Nanteuil-le-Haudoin.

Passé Creil et sur la grande route qui conduit à Nanteuil, les traces du passage des troupes ennemies sont encore récentes. De chaque côté, dans les fossés et dans les champs qui les bordent, des boîtes à conserves avec des bouteilles à champagne vides jonchent le sol. Tout indique que des contingents importants ont passé par là. Les champs sont piétinés et des cadavres d'animaux exhalent une odeur insupportable. Ces squelettes en formation sont encore à la surface du sol. De ci de là, une tombe avec une croix faite de deux petits bouts de branche et c'est tout ! Ils dorment là, les malheureux ! Enfouis pour toujours, ils ont peut-être assisté à l'enlèvement des quelques pelletées de terre qui ont servi à creuser la fosse qui est maintenant leur dernière demeure !

Plus loin, c'est une ferme très importante qui a été aussi la proie des flammes. Il n'en reste plus rien que les murs. Deux chevaux sur quinze sont encore là ; le reste a été pris et tué. Le bétail a été lâché et quatre bœufs seulement reviennent à l'insfant. Un domestique qui a échappé au carnage montre comment ces brutes ont agi il y a juste huit jours de cela. Le pauvre homme en est encore tout abasourdi et les larmes lui viennent aux yeux lorsqu'il parle de la disparition de son meilleur cheval de l'attelée qu'il conduisait. Au moins celui-là a fait du bon travail avant sa mort :

« La pauvre bête, se sentant maltraitée, a, d'une forte ruade, tué net le boche qui s'en emparait. Et si j'avais pu commander aux autres d'en faire autant ! »

Il montre alors le cadavre de son cheval, qui est là en bordure du champ de betteraves.

Plus loin, ce sont les restes d'une distillerie détruite. De la fumée s'échappe encore des parties non consumées. Des meules ont été la proie des flammes : c'est la dévastation complète dans cette belle région !

Maintenant, nous arrivons dans Senlis.

L'on remarque dans le centre quelques portes défoncées, mais comment est l'intérieur ? Aucun doute, dit-on, tout Senlis a été saccagé et pillé. La brute teutonne a exercé son œuvre de complète destruction avec un acharnement sans exemple.

Après avoir traversé plusieurs rues et sur l'indication d'une personne encore toute affolée, l'on arrive dans le quartier entièrement détruit : c'est la rue de Paris, d'une longueur approximative de 600 mètres.

A droite et à gauche de cette grande artère, plus rien que des amas de pierres ; de grandes baies noircies, mal encadrées, laissent pendantes des poutres consumées avec quelques bouts de fer

tordus. Un haut pan de mur menace
fortement les piétons et des ouvriers
font tomber ce vestige dans un tour-
billon de poussière. Fracas épouvantable
qui vous remue et fait tourner la tête!

Seuls l'hôpital et un hôtel ont été épar-
gnés. Comment ces sauvages ont-ils pu
s'y résoudre ? Intérêt quelconque !

A l'extrémité de cette rue, vers l'hôpital, un champ à droite est parsemé de
débris de toutes sortes. C'est là qu'ils
ont stationné, ces brigands dé grand
chemin ! La paille qui leur faisait litière
en témoigne et tout indique qu'ils con-
templaient de là les lueurs de Senlis en
feu : crime atroce et sans égal.

Quelques traces de balles dans les
arbres et beaucoup de tombes sont les
seules choses qui survivent de leur for-
fait !

Des versions différentes nous mettent
dans l'impossibilité de dire exactement
ce qui s'est passé avec la Municipalité
de cette ville. Ce qui est malheureusement certain, c'est que le Maire a été

fusillé en revenant de Chamant, où il avait été conduit au conseil de guerre. Son cadavre, à demi enfoui, a été retrouvé le lendemain, la tête recouverte de son chapeau. Plusieurs de ses concitoyens ont dû subir le même sort, car il y a des disparus parmi ceux qui ont été inquiétés avec lui.

Lâcheté d'Allemands !

La gare a été complètement détruite par le feu.

Rien ne pourra justifier ces actes de vandalisme ; la déception et la colère de ces fous dangereux ne seront que leurs seules excuses devant le blâme général de l'Europe civilisée.

Espérons que dans la défaite qui les guette ils seront châtiés d'importance et mis pour longtemps dans l'impossibilité de jeter leur venin de bête enragée !

Une pointe vers Nanteuil indique toujours le même ravage. Cependant, dans ce chef-lieu de canton, toutes les habitations ont été épargnées. Le pillage seul a été organisé. Les caves surtout ont été visitées et c'est à croire que ces défonceurs de portes closes avaient grand besoin de se désaltérer ! Digestion difficile, que le temps et la patience remettront en place.

A Méru, rien à signaler. Petit à petit, la confiance renaît et les habitants rentrent, un peu confus de leur absence.

Toujours pas de médecin.

Jeudi 17. — Les postiers ont reçu l'ordre de réintégrer. Le receveur, M. LEROY, ainsi que les facteurs de la ville attendent impatiemment le plaisir de nous apporter des nouvelles, qui nous font défaut.

La perception revient aussi avec la caisse et les contributions indirectes font leur réapparition. La gare ouvre ses portes et deux trains vont faire le service des voyageurs, dans les deux directions.

Vendredi 18. — Des dépêches officielles sont apposées à la mairie ; elles confirment les communiqués à la presse. Méru redevient ce qu'il était et, à part quelques exceptions, tous les commerçants reprennent un peu d'activité. La note devient moins triste pour tout le monde !

Samedi 19. — Aujourd'hui, la poste fonctionne. Des télégrammes peuvent être expédiés et les mandats télégraphiques sont acceptés. Les correspondances deviennent moins rares et beaucoup de parents reçoivent des nouvelles des leurs.

Dimanche 20, lundi 21. — Rien à signaler.

Mardi 22. — Il ne nous manque plus que la gendarmerie, qui nous fait grand défaut. Inutile de dire qu'il y a du laisser-passer forcé, qu'un peu d'ordre rétablirait à la satisfaction de tous.

Passage de quelques automobiles militaires, qui remontent vers le Nord. Le canon tonne toujours dans la même direction.

M. le docteur Imbert vient donner sa première consultation à la mairie.

Mercredi 23. — Pour la première fois depuis longtemps, le temps est au beau.

Pas un nuage ne ternit notre beau ciel bleu. Les visages s'en ressentent et chacun paraît mieux supporter ses chagrins.

A 8 heures du matin, toute la population acclamait l'atterrissage d'une escadrille d'aéroplanes (biplans) dans la grande pièce de MM. Jaggi. Jusqu'à midi, ce fut un va-et-vient continuel et, pour ne pas manquer le départ de ces grands oiseaux, beaucoup de Méruviens ont mangé sur place.

Notre premier adjoint, M. Brébant, a eu l'heureuse idée d'inviter les pilotes à déjeuner. MM. Jaggi ont eu aussi la bonne inspiration de mettre dans la cour de leur ferme, au passage du public, un tronc au profit de nos blessés. Le montant de cette collecte, qui s'élevait à 25 francs, a été, aussitôt l'envolée, remis à la mairie.

A 6 h. 1/2 du soir, une auto-mitrailleuse passe à toute vitesse, se dirigeant du côté de Pontoise. Un casque à pointe d'officier en faisait l'ornement et les braves qui la montaient étaient fiers de leur trophée.

Jeudi 24. — Rien à signaler, si ce n'est le retour partiel de nos gendarmes, qui sont bien accueillis. Deux hommes montés manquent à l'appel, mais ils sont attendus incessamment. Leurs montures ayant eu à souffrir d'un voyage pénible, elles n'ont pu suivre le train.

L'on entend toujours le canon.

Vendredi 25. — C'est le jour de marché. Quelques marchands de légumes seulement en font les honneurs. Leur recette est maigre, mais ils préfèrent cela, espérant des jours meilleurs. Une petite marchande d'étoffes a fait beaucoup d'affaires. Elle est la seule de ce genre de commerce qui apparaît sur notre place depuis le commencement des hostilités ; aussi, quel succès !

Une affiche à l'hôtel de ville informe les habitants que M. le docteur IMBERT donnera des consultations, en ce lieu, les mardi, jeudi et samedi de chaque semaine ; enfin !

M. Minel, conseiller municipal, qui n'a pas quitté Méru un seul instant, vient d'être avisé par une correspondance d'un ami de son fils, au régiment, que celui-ci est décédé des suites d'une blessure faite par un éclat d'obus. Ce pauvre père affligé part aussitôt à la recherche du cadavre de cette noble victime, qu'il veut faire revenir ici, si possible. C'est le premier de la liste funèbre !

D'autres familles apprennent également que leurs maris et enfants sont blessés, mais peu grièvement. Tous sans distinction font l'éloge des soins qui leur sont donnés. Ils espèrent vite se rétablir et retourner au feu.

Encore heureux ceux qui se trouvent touchés par ces chères missives, mais combien nombreux sont aussi ceux qui ne reçoivent rien ! Six semaines entières sans nouvelles de l'enfant : Qu'est-il devenu ?... Malgré tout, tout espoir n'est pas perdu. Quelle cruelle attente !

Samedi 26. — Le temps est toujours au

beau. Le canon gronde de plus en plus ;
il s'entend très distinctement. Pendant
toute la journée, ce fut un roulement
continuel et, vers 10 heures du soir, il
n'avait pas encore cessé. Que se passe-
t-il ? Combien de nouvelles victimes ? Il
est préférable de ne pas le savoir !

La Compagnie du chemin de fer du
Nord transporte des quantités de soldats qui remontent vers le Nord. Du matériel d'artillerie est dirigé de ce côté ; les
trains se succèdent.

MM^mes BRARD et PRESCHEY, assistées
d'une sœur de charité, distribuent journellement, sur le quai de la gare, des secours aux soldats qui passent. Du pain,
du vin, des confitures et autres friandises
leur sont offerts. Il est regrettable que
leurs ressources ne soient pas plus grandes et en rapport avec leur dévouement.
En tout cas, leur cœur est présent aux
infortunes.

Dimanche 27. — N'était le carillon do-
minical, je crois qu'il serait inopinément
difficile de dire lequel jour de la semaine

est le bon. Il est vrai que cette préoccupation est tout à fait secondaire et qu'importe l'heure au juste, pourvu qu'elle nous arrive toujours meilleure ! Constatons toutefois que chacun reprend confiance ; tout le monde a le même désir et c'est la même pensée pour tous !

Le canon se fait moins entendre que de coutume et son bruit paraît s'éloigner. Peut-être le communiqué de demain nous le dira.

Lundi 28. — Les nouvelles de la guerre sont relativement meilleures.

Dans la matinée, une patrouille française composée de six chasseurs à cheval arrive au galop et demande la direction de la gare. Que peut signifier cette nouvelle alerte ? Les bien informés ne sont pas pris au dépourvu et, comme de coutume, les histoires les plus abracadabrantes circulent vivement. Mais l'on devient de plus en plus incrédule ; l'on ne veut plus croire. La patrouille, qui écoute en souriant, rassure les plus pressés en leur disant qu'elle est à la recherche d'une automobile montée par des Allemands déguisés en officiers français, auto qui aurait été signalée à Pontoise. Ces explications ont suffi pour calmer derechef et nos braves soldats se mettent aussitôt en embuscade. Disons que nulle apparition d'auto suspecte n'est venue de notre côté ; toutefois, la consigne devient plus sévère et les barrages depuis longtemps supprimés apparaissent de nouveau.

Mardi 29. — La famille ROGER (boucherie) a la douleur d'être informée de la mort d'un de ses fils. L'aîné, qui fait partie du même régiment d'artillerie que son infortuné frère, écrit la triste nouvelle à des amis. Avec la mission dont il les charge, il leur fait aussi savoir qu'il a demandé à reprendre la place de son cher disparu, mort bravement au champ d'honneur.

Petit à petit, la funèbre liste s'allonge et l'on tremble d'apprendre un jour la mort de l'un des siens ! L'horrible chose qu'est la guerre ! C'est le deuil partout, qu'accompagnera bientôt la misère !

Les correspondances militaires se font moins rares.

Mardi 30. — Rien d'extraordinaire à signaler.

Jeudi 1er octobre. — Notre maire, M. DESHAYES, qui avait au lendemain de la mobilisation rejoint le dépôt du 11e territorial, à Brest, fut quinze jours après autorisé à se rendre à Bordeaux, sur l'appel du Gouvernement, où il amorça et traita la question des R. A. T., qui aboutit comme l'on sait au renvoi dans leurs foyers des classes 1887 à 1892.

Le 25 septembre, M. DESHAYES quittait Bordeaux pour revenir à Beauvais prendre part aux travaux du Conseil général, sur l'invitation du Préfet, qui l'en avait avisé par dépêche, et le 1er octobre, la session étant terminée, M. Louis DESHAYES revint à Méru collaborer à nouveau à notre œuvre municipale.

La famille de M. DESHAYES le rejoignit alors immédiatement et l'on put savoir que, pendant son absence, Mme DESHAYES n'avait pas oublié la population de Méru.

Elle avait, au commencement de septembre, dans un envoi recommandé à l'adresse de M. BRÉBANT, expédié tous ses bijoux pour être mis à la disposition de la Ville au cas où celle-ci aurait été frappée d'une contribution de guerre.

Par suite de l'évacuation de la poste, cet envoi et la lettre recommandée qui l'accompagnait n'avaient pu atteindre leur destinataire.

Ainsi que pour la dépêche de M. Louis DESHAYES, ces faits ne furent connus que plus tard.

Maintenant, notre petite ville se trouve presque au complet : tous les magasins sont ouverts, comme par le passé.

Le tabac, qui avait fait un moment défaut, redevient beaucoup moins rare. Les débitants ont pu s'approvisionner sans trop de difficultés, qui à Pontoise, qui à Beauvais.

Par contre, la guerre se continue avec autant d'acharnement que le premier jour ; la saison hivernale approche à grands pas et le charbon menace de nous manquer.

Vendredi 2, samedi 3. — Le communiqué officiel nous apporte une situation inchangée dans la guerre.

Les allocations de la seconde quinzaine de septembre sont mises à la disposition des intéressées.

Télégramme du Préfet au Maire de Méru
(2 octobre).

Par ordre autorité militaire, à partir de demain 3 octobre, la circulation des automobiles, motos et bicyclettes est interdite dans tout le département, sauf pour porteur d'un laissez-passer rouge militaire et bleu civil délivré par généraux commandant armées ou régions.

Prière faire afficher et publier.

Dimanche 4. — Un aéroplane militaire vient atterrir, à 6 heures du soir, dans le champ de MM. JAGGI ; c'est un défilé de curieux qui stationnent devant la machine volante. Le pilote explique que son moteur tire un peu de l'aile et que c'est l'affaire de quelques moments pour le remettre en place ; mais comme il se fait tard il ne repartira que demain matin. Les Méruviens ne l'oublieront pas.

Lundi 5. — A 7 heures du matin, départ de l'aéro. Très forte canonnade dans la direction de Lassigny et bien plus forte que de coutume. C'est un roulement ininterrompu. Jamais, depuis l'action dans cette contrée, semblable bruit ne s'est fait entendre aussi distinctement. L'on ne peut s'y faire et c'est ainsi que certains habitants, de nouveau pris d'effroi, parlent de reprendre l'exode.

Jeudi 8. — Passage sur route d'un train sanitaire anglais ; il traverse la ville et fait l'admiration de tous. Il se dirige vers le Nord.

A 4 h. 1/2 de l'après-midi, très forte détonation dans la direction de Beaumont ou Pontoise (?).

Les fourneaux marchent toujours avec la même ponctualité, mais avec une sensible diminution de rations à fournir, car les travaux des champs avec ceux de l'atelier demandent des bras qui sont rétribués.

Préfet de l'Oise au Maire de Méru
(12 octobre).

Autorité militaire me charge prévenir qu'elle sévira contre maires qui malgré avertissements antérieurs ne prendront pas mesures immédiates pour rentrée des récoltes ; elle défend absolument d'allumer des feux dans les champs pour quelque motif que ce soit.

Enfin elle avertit que l'interdiction de circuler à pied ou en voiture à partir de 6 heures du soir signifie que les voyageurs de ces deux catégories doivent être arrivés à destination à 6 heures. Vous voudrez bien afficher ces ordres à la porte de la mairie.

Jeudi 15. — Il règne dans la ville une certaine animation : c'est le conseil de revision de la classe 1915, avec les réformés et ajournés d'autres classes antérieures. Cette opération se fait avec l'entrain habituel. Les jeunes ne veulent rien redevoir à leurs aînés qui combattent. Et, malgré les pertes signalées, c'est à qui prendra la route de l'Est.

Vendredi 16, samedi 17. — Le canon se fait moins entendre.

Les terrassements exécutés par les ouvriers méruviens font des progrès. Aux abattoirs, côté Est, l'emplacement désiré est presque achevé ; il n'y a plus que l'empierrement qui reste à faire. Sur le côté Nord, le terre-plein est en bonne voie. Le prolongement de la rue qui aboutit aux maisons ouvrières est terminé. Les tombereaux vont maintenant apporter des cailloux en quantité suffisante. La rampe qui se trouve derrière l'usine à gaz ne peut se continuer, faute de direction. L'architecte Damville fait défaut et force est d'attendre son retour.

M. Deshayes, maire, dans une longue supplique, rappelle au Gouvernement la promesse qui lui a été faite du retour immédiat des hommes non mobilisables de son arrondissement qui sont expatriés dans la région de Brest, avec l'espoir cette fois d'obtenir satisfaction.

La Municipalité décide, sur la demande

des terrassiers, de leur accorder les deux
tiers de leur solde, contrairement à ce
qui avait été convenu. Reconnaissant,
en effet, que le tiers représenté en soupe
ne peut leur suffire momentanément,
1 franc (qui représente le second tiers)
leur sera dorénavant alloué chaque jour.
Demain dimanche, ces hommes touche-
ront donc leur indemnité de la dernière
semaine. Un état va être dressé de ce
premier acompte et, pour les autres semaines antérieures, des versements leur
seront faits au fur et à mesure de leurs
besoins.

Dimanche 18. — On informe la mairie
qu'un détachement composé de 1 capi-
taine, 1 major et 100 hommes d'infanterie arrive à Méru. Il vient de Noailles
et doit loger chez l'habitant. D'autres
compagnies sont également passées ici
en prenant la direction de Chambly. Ces
dernières étaient de peu d'importance.

*Télégramme du Préfet de l'Oise
à Maire de Méru (18 octobre).*
Autorité militaire rappelle aucun voya-

geur à pied, à cheval ou en voiture ne se doit trouver sur les routes après 6 heures du soir et avant 5 heures du matin ; faites publier que les noms des contrevenants seront pris ainsi que les indications de leur domicile et les maires ne devront plus délivrer de laissez-passer sous leur responsabilité personnelle.

Lundi 19. — Le détachement, qui ne devait séjourner que la journée du dimanche, est encore ici ; il passe sa matinée en perquisitions chez des personnes signalées comme suspectes et dans certains établissements. Aucune trace d'espionnage n'a été relevée. Rien à la Société MAGGI et pas davantage à la maison DRÉZEL, DREYFUS & Cie.

A part cela, rien de nouveau ici ; quelques mécontentements et c'est tout. Ce travail terminé, nos braves méridionaux (car ils sont tous du Midi, mon bon !) rentrent dans leur cantonnement et prennent leurs dispositions pour leur départ, qui s'effectuera demain matin à 7 heures.

Mardi 20. — Les communiqués offi-

ciels continuent à nous signaler des
avances sur tout notre front de bataille.
Et comme chacun possède la carte de
France, l'on repousse avec grand plaisir
les petits drapeaux alliés qui marquent
journellement l'avance faite par les nôtres, en souhaitant que les barbares
soient bientôt repoussés hors de chez
nous. Quel grand soulagement ce sera
d'apprendre officiellement qu'ils sont re-
foulés ! Voici l'hiver avec tout son cortège de misères et chacun pense à nos
soldats ; comment vont-ils pouvoir lutter
dans un pareil moment ? Aussi l'on pré-
pare le tricot qui leur apportera une
certaine douceur aux intempéries qu'ils
vont avoir à supporter. Mais c'est la
confiance partout ; l'endurance ne fera
pas non plus défaut, car la victoire est
au bout. Aucun doute qu'avec cela l'on
aura raison et des Allemands et de l'hiver auquel nous demandons sa part de
clémence.

Côté civil, l'impossible se fait pour
assurer l'existence de ceux qui restent.

Jusqu'alors la misère ne s'est fait aucunement sentir. Bien entendu, le bien-être n'est point parfait, mais l'effort du début ne diminuera pas dans cette période encore plus difficile.

Le denrées ne sont pas rares et leurs prix ne dépassent pas sensiblement ceux de l'ordinaire. A part le sucre et le sel, qui ont subi un peu de hausse, tous les autres restent invariables et plutôt à la baisse.

Il n'y a que le combustible qui menace de faire défaut ; mais espérons que d'ici peu des quantités de charbon vont combler les vides. Des dispositions sont prises à cet effet. La hausse que l'on signale nous sera fatalement préjudiciable, mais nous en sortirons quand même.

Quelques fabricants viennent de recevoir des commandes en boutons d'os pour l'armée et la fabrication du bouton de nacre demande elle aussi des bras. Cela va procurer un peu de travail aux inactifs avec un peu plus de bien-être.

Espérons donc que petit à petit les portes de l'atelier vont se rouvrir et que le charbon ne manquera pas.

La Commission de l'assistance vient de décider que dorénavant et à partir de mercredi prochain il ne sera plus fait qu'une seule distribution de soupe dans la journée ; le nombre de portions ayant de beaucoup diminué (environ 600), cela permettra d'économiser du chauffage et de la main-d'œuvre.

Un aéroplane anglais survole Méru, à une très faible hauteur ; il se dirige sur Paris. A peine a-t-il franchi la zone méruvienne que l'on distingue parfaitement qu'il perd encore de sa hauteur, ce qui laisse supposer qu'il cherche à atterrir. En effet, l'on apprend aussitôt qu'il vient de se poser à quelques centaines de mètres d'Amblainville, à l'abri près du bois dit « de Carnel ». C'est une simple panne de moteur facile à réparer, point de casse de bois.

Les Méruviens, toujours en quête de sensations, filent vivement par la route et à travers plaine ; le beau temps aidant, c'est un passe-temps de trouvé.

Le lieutenant anglais qui le pilote ainsi que son observateur laissent obligatoirement là leur appareil bien gardé et sont invités, en attendant la réparation, à venir à Méru, pour prendre un peu de réconfort et un tantinet de repos. M. DESHAYES, maire, leur offre la table et M. ANDRÉ, pharmacien, le gîte.

Inutile de dire que les enfants de la fière Albion furent aussi bien traités que les nôtres. Il n'y a que le langage dans ces alliés qui diffère, le cœur est le même !

Mercredi 21. — C'est encore le pélerinage à l'aéroplane, que l'on répare. Une équipe anglaise est venue de Paris pour essayer de redonner à l'oiseau ses propres moyens, mais c'est en vain qu'elle tente la mise au point de son moteur détraqué. Cependant, le pilote exécute un vol d'essai et laisse encore son appareil à la même garde vigilante. Il fut décidé entre eux qu'un autre Blériot remplacerait celui-ci et nos amis prennent en auto la route de Méru. Séjour forcé, mais non désagréable.

Des convois de toutes sortes, français et anglais, remontent dans le Nord, ce qui indique que l'action s'engage plus fortement encore de ce côté.

Jeudi 22. — Nos aviateurs anglais prennent la route aérienne de Paris et c'est le calme pour le reste.

Vendredi 23. — Quantités de voitures d'ambulances anglaises traversent la ville.

Du côté de l'Est, nous n'entendons plus le bruit du canon; cependant, nous sommes toujours sans aucune nouvelle de Lassigny et de Noyon. Les communiqués nous laissent dans la complète ignorance en ce qui concerne ces deux malheureuses villes. Le bruit court que le sénateur Noel a été pris comme otage et emmené en Allemagne.

Retour de M. Violette, notaire.

Samedi 24. — La Commission du budget municipal se réunit et l'on constate qu'un déficit assez sérieux (25.000 fr.) va se produire pour boucler les opérations de l'exercice 1914. Un emprunt est envisagé. M. Deshayes va faire le nécessaire et ne doute pas de la réussite de cette opération.

Encore aujourd'hui il est passé quantité d'ambulances françaises.

Notre lieutenant aviateur anglais, qui est repassé avec son nouvel appareil, fait téléphoner qu'il est de nouveau en panne à Beauvais. Il prie d'en aviser son mécanicien, qui doit passer ici dans la soirée ; ce qui fut fait.

M. le Maire, qui connaît suffisamment l'anglais, n'a point trop de mal à se faire comprendre et tout s'arrange pour le mieux.

De nouveaux décès sont officiellement annoncés à la mairie ; les familles sont avisées.

Distribution des allocations journalières pour la première quinzaine d'octobre. A cette occasion, il faut constater le bel élan de générosité qui s'est produit

parmi toutes ces femmes, qui n'ont pas
hésité à répondre à l'appel de la Municipalité en versant une somme de 62 francs
pour la confection de tricots pour nos
soldats; c'est un beau geste qui mérite
d'être signalé.

Dimanche 25. — Journée de calme et
de repos pour tous, sauf pour nos braves
soldats. Toujours beaucoup de matériel
de guerre passe dans de très forts camions automobiles. Anglais, Français,
Belges, tous remontent du côté de l'ennemi commun.

Mardi 27. — Réunion de la Commission
des soupes. De nouvelles inscriptions
ainsi que des radiations en font l'objet.

M. le Maire informe que le fonctionnement de cette œuvre est maintenant
assuré jusqu'à fin décembre. Le budget
municipal en fera les frais.

Une nouvelle patrouille de un officier
et deux sous-officiers s'installe à l'hôtel
Angonin pour une période indéterminée.

La circulation des bicyclettes et des
voitures automobiles est toujours rigou-

reusement interdite. Les piétons seuls peuvent encore se retourner assez librement, mais avec des passeports.

Note officielle du Préfet au Maire de Méru (27 octobre).

Les autorités militaires ont constaté que, contrairement aux prescriptions formelles sur la circulation des automobiles, cyclistes et piétons, dans la zone des armées, actuellement en vigueur, certains maires délèguent à des personnes quelconques (gardes champêtres, notables ou même des enfants) de leur commune le droit de délivrer des permis de circulation.

MM. les maires et commissaires de police sont invités à signer eux-mêmes les permis (l'usage de la griffe étant interdit) et sont avisés que des mesures sévères seront prises contre ceux qui ne se conformeraient pas à cette prescription.

Samedi 31. — Même sévérité pour toute la circulation en général. Les hommes de la territoriale qui montent des factions commencent à se ressentir des rigueurs de l'hiver; l'on y pare du mieux que l'on peut. Mme DESHAYES leur apporte quelques douceurs et leur confectionne des cache-nez, des passe-montagne, etc.

Ce même jour, M. le Maire se rend à la Place et obtient (par faveur, cette fois) l'autorisation de se transporter à Balagny-sur-Thérain pour l'achat d'une certaine quantité de laine qui doit servir à la confection de vêtements chauds pour nos malheureux soldats, qui réclament.

Lundi 2 novembre. — Ce n'est pas encore un jour d'allégresse qui se présente. Les cloches nous rappellent la fête des trépassés ; toutefois, le temps est beau et la température presque printanière ; seul heureux contraste !

Après la visite d'usage, de nombreux Méruviens prennent à travers champs, à la recherche d'un moment de diversion, mais que cela est difficile ! Le triste sujet que l'on veut éliminer de son esprit revient sans cesse et la guerre réapparaît à nouveau dans toute son horreur. Véritable obsession, cauchemar épouvantable que l'on chasse et qui revient quand même ; sans pitié, il persiste dans son harcèlement continuel. L'on tente cependant encore une fois l'épreuve ; l'effort de la volonté semble avoir vaincu la pensée et l'on décide de faire quelques kilomètres dans la direction de Sandricourt.

Ainsi qu'à l'habitude, la circulation n'est pas intense et les quelques rares promeneurs ne sont nullement inquiétés. Cependant, ici comme ailleurs, la peur de l'invasion a été cause de méfaits. C'est ainsi que la demeure quasi royale de M. Goelet, richissime américain, est complètement déserte. Toutes les issues en sont closes; seul le pavillon américain en est la garde. M. Delacour, régisseur de ce domaine, a cru lui aussi bien faire de se réclamer du même titre en arborant les mêmes couleurs sur sa demeure particulière, ce qui ne laisse pas que d'étonner les braves gens. Mais passons et arrivons maintenant à Amblainville.

La compagnie du 114ᵉ fait du service dans ce village. Les bifurcations sont bien gardées et le bois bien fréquenté.

Elle circule, la gaillarde, et ne s'endort pas sur ses lauriers. L'on dit que le matin elle a invité les porteurs d'armes à les remettre à la mairie dans le plus court délai, y compris les gardes du château de Sandricourt, qui se permettaient d'en faire usage dans les fourrés giboyeux de la chasse américaine.

A part cet incident, la population reste résignée, en attendant des jours meilleurs.

Les industriels ANGOT, MÉNARD, MAILLARD & TRANNOY, MELIN ouvrent les portes de leurs ateliers à quelques ouvriers qui vont travailler quelques heures seulement par jour. C'est toujours autant. Il est à souhaiter que le combustible ne manque pas.

La sucrerie de Bresles marche et des convois de betteraves vont lui être faits.

Mardi 3. — L'animation diminue dans les rues. Les enfants vont à l'école et le passage des automobiles militaires devient plus rare, quoique vers le soir il arrive une quinzaine d'autos, qui stationnent sur la place des Ormes. Ces voitures sont toutes neuves et doivent servir au ravitaillement des armées françaises.

M. et Mme DESHAYES sont allés à Balagny et ont rapporté de la laine.

*Le Ministre de la Guerre
à M. Deshayes, député, Méru (3 novembre).*

Ai prescrit 27 octobre libération momentanée des réservistes territoriaux et hommes service auxiliaire de complément évacués de la région du Nord sur les 9e, 11e et 12e régions qui en feront la demande et dont le maintien ne sera pas imposé par nécessités militaires.

Vendredi 6. — Retour d'une certaine partie des hommes évacués aux alentours de Brest.

*Note officielle du Préfet au Maire de Méru
(6 novembre).*

Les maires, adjoints et commissaires de police sont autorisés à délivrer, sous leur responsabilité personnelle, des permis de circuler à pied, à bicyclette ou en voiture à traction animale dans la région comprise en dessous de la ligne Amiens, Dury, Breteuil, Saint-Just-en-Chaussée, Estrées-Saint-Denis, Rivecourt et la rivière d'Oise.

Ces permis doivent :

1° Etre rigoureusement personnels. La cession à un tiers entraînerait certainement des poursuites judiciaires ;

2° Etre revêtus du cachet et de la signature manuscrite (à l'exclusion de toute griffe) des autorités qui les délivrent.

Lundi 9. — Conseil municipal. Approbation des comptes de l'exercice 1914 et différentes autres questions de peu d'importance.

MM. J..., qui ont été obligés de céder à la Ville quelques ares de terrain en location, font présenter une quittance de 417 francs, ce qui n'a pas été sans surprise et sans récriminations de la part du Conseil, qui a protesté à l'unanimité. Cette somme, quoique fixée par des experts réciproques, a été trouvée bien exagérée (le terrain seul ne vaut peut-être pas ce prix) et le moment mal choisi. « Enfin, déclare M. le Maire, la Ville est en déficit de 25.000 francs ; il ne faut pas pour cela qu'elle soit débitrice plus longtemps de réclamants étrangers ; nous ne devons pas, à mon avis, demander crédit à des gens qui exploitent notre malheureuse situation. 1870 a servi à quelque chose pour certains, 1914 servira aux successeurs pour le même intérêt. » Chacun des conseillers s'incline, mais d'accord aussi sur l'intempestive réclamation.

D'autre part, la Municipalité reçoit d'un de nos concitoyens, M. P...., de l'avenue de la Gare, une demande de sursis d'incorporation pour son jeune fils de la classe 1914, qui est soi-disant étudiant à Paris.

Cette demande n'a pas eu beaucoup plus de succès que la précédente. L'avis favorable sollicité a été repoussé à l'unanimité et sans aucune discussion autre qu'un blâme à pareille demande dans un moment aussi critique.

Télégramme du Préfet de l'Oise
au Maire de Méru (21 novembre).

Par ordre du général commandant l'armée est interdite la circulation des automobiles ou des bicyclettes montées par des civils dans la zone comprise à l'ouest de l'Oise et au nord de la ligne Pont-Sainte-Maxence, Liancourt, Fay-Saint-Quentin, Blicourt et Marseille-en-Beauvaisis.

Dans la même zone il est interdit aux habitants de circuler entre 18 heures et 5 heures du matin.

*
* *

Le courant novembre n'a pas été autrement différent du temps ordinaire et je ne vois pas maintenant d'intérêt à continuer ce journal.

La guerre est sans grande avance et l'on se demande quand cette horrible boucherie se terminera.

Patience et espoir, la victoire des Alliés est maintenant assurée.

Vers le 15 décembre, M. le premier adjoint Brébant, après avoir convoqué tous les marchands de charbon, dans l'espoir d'obtenir d'eux le ravitaillement de la population, n'a pas obtenu pleine satisfaction, et c'est alors qu'il s'inspira de la solution trouvée par la Municipalité beauvaisienne pour se faire adresser dans un bref délai près de trois cents tonnes de combustible. A la réception de cet envoi, il convoqua à nouveau les mêmes marchands et leur fit la proposition d'intervenir pour leur en faire la vente au prix de 4 fr. 40, limite qui laisse un certain bénéfice au vendeur et une somme de 20 francs par wagon pour le Bureau de bienfaisance, ce qui fut accepté.

Félicitons-nous de cette heureuse intervention municipale, qui permet de livrer à la consommation de la marchandise à un prix sensiblement inférieur à celui qui avait été tout dernièrement établi par d'autres (75 et 77 fr. la tonne), à qualité égale.

*
* *

Une certaine catégorie de nos concitoyens (qu'il est inutile de nommer et que l'on doit reconnaître) n'est pas à l'aise et commence à souffrir. Aussi espère-t-on qu'une aide fraternelle aura raison de leur détresse passagère.

Et, pour être plus précis du côté du remède, qu'il me soit permis de dire que le commerce local pourrait être d'une grande utilité dans cet appel, en apportant un peu plus d'aide et de bonne volonté à ceux qui ont été et seront toujours leurs fidèles clients des jours heureux !

Je n'en conclus pas par là qu'il n'y ait pas de bonne solidarité, bien au contraire, mais certains commerçants auraient pu montrer plus de compréhension.

D'autre part, il est agréable de constater que les extrêmes de situation se sont touchés de très près, témoin la belle et généreuse souscription faite par la classe possédante et les versements anonymes faits à la mairie par celle des déshérités.

Et, si critique il y a, c'est du côté du centre. Mais ne désespérons pas ; il est temps encore que certains se ressaisissent. Un bon mouvement viendra clôturer la bonne communion des citoyens d'une cité qui a l'honneur d'être au premier rang de toutes ses voisines.

*
* *

Arrivons au printemps de 1915 et terminons en disant que l'hiver s'est relativement bien passé ici.

Les rigueurs de la saison n'ont pas amené trop de maladies et la mortalité n'a pas été au-dessus de la moyenne. MM. IMBERT père et fils, de Fresneaux-Montchevreuil, ont continué à donner leurs bons soins avec un dévouement dont la population méruvienne leur saura gré.

Le charbon n'a pas manqué, grâce à la diligence de nos bons administrateurs, qui ont su en maintenir les prix. Il vaut actuellement 6 fr. 50 les 100 kilos et cette différence du début provient de la hausse de la mine.

Les denrées de toutes sortes n'ont pas non plus fait défaut, mais leurs prix en général ont dépassé de beaucoup la limite ordinaire ; pour certaines, l'augmentation a atteint 50 0/0 ; d'autres ont même doublé.

Le pain de première qualité vaut actuellement 0 fr. 90 les quatre livres, soit une légère augmentation (0 fr. 10); espérons que ce prix ne sera pas haussé.

La viande de bœuf, de qualité ordinaire, se vend 1 fr. 10 la livre; le veau se fait rare et coûte 1 fr. 40; le mouton n'est pas à profusion à 1 fr. 40.

En somme, la situation n'est pas intenable pour certains; par contre, elle devient embarrassante pour ceux qui n'ont qu'un maigre salaire pour subvenir aux besoins de leur famille.

Espérons néanmoins que les maxima sont atteints.

*
* *

M. Louis DESHAYES, maire, absorbé par les travaux parlementaires et par sa situation militaire, n'a pu, à son très grand regret, se consacrer entièrement aux affaires municipales. Ses visites cependant répétées à la mairie avec ses

bons conseils dans la question adminis-
trative ne pouvaient suffire en l'occu-
rence. A côté du dévouement, il fallait
de l'assiduité constante.

Et M. Deshayes n'a pu mieux faire
que de confier la direction municipale à
ses amis et dévoués collaborateurs, MM.
Brébant et Hameau, adjoints, qui se
sont surpassés.

Ces deux infatigables, avec une parfaite entente, ont su, par leur urbanité
de tout instant, conquérir l'admiration
de la population méruvienne.

Leur tâche était rude : ils en sont
sortis à l'avantage de tous. Ils ont sur-
monté les difficultés du moment et franchi le mauvais pas.

Ils continuent avec un zèle infatigable
d'administrer la ville au mieux des inté-
rêts de la collectivité et à la satisfaction
de tous nos concitoyens.

Merci !

Dans toutes nos administrations, en
général, le bon accueil et la diligence
ont été prodigués.

Perception, recette municipale, poste, gendarmerie, etc., tous ont rivalisé de bonne volonté dans les pénibles moments que nous avons traversés. La population méruvienne ne l'oubliera pas.

Obsèques d'un Enfant de Méru mort au Champ d'honneur

Le vendredi 13 novembre 1914, dans l'après-midi, arrivait en gare de Méru la dépouille du jeune soldat WILLART, décédé le 9 novembre à l'hôpital mixte de Saumur, des suites de ses blessures, reçues au combat de Soupir le 2 novembre.

Une foule nombreuse stationnait dans la cour de la petite vitesse, où le corps débarquait pour être conduit, par le clergé, à l'église de Méru, où un service fut célébré.

Presque la totalité des Méruviens présents assistaient à cette cérémonie et l'église, pourtant spacieuse, ne suffit pas à les contenir.

M. le curé-doyen, dans une improvisation simple mais touchante, fit l'éloge des sentiments que possédait WILLART et remercia toutes les Sociétés civiles et militaires, sans oublier la Municipalité, qui s'est fait elle aussi un devoir d'y assister.

Au cimetière, plusieurs discours furent prononcés et M. DESHAYES, dans une vibrante et patriotique allocution, a louangé tous nos braves enfants de France, qui luttent contre la barbarie et la sauvagerie de nos terribles adversaires. Il termina en adressant un hommage au disparu ainsi qu'à tous ceux de ses frères d'armes morts au champ d'honneur.

Les gardes-voie étaient représentés par quelques-uns d'entre eux et par un lieutenant venu tout exprès de Beauvais.

La Société des Vétérans de Méru et les jeunes gens de la future classe 1915 formaient cortège.

La nuit ne permit pas de terminer la série des discours et la foule recueillie quitta le champ du repos en pensant combien d'autres enfants sont déjà tombés sans avoir de sépulture !

C'est dire qu'une association complète de tous les cœurs a fait, ce jour encore, la preuve de l'irrésistible élan patriotique.

Qu'il me soit permis de renouveler ici à la famille du jeune héros l'expression de mes condoléances les plus sincères.

Enfants de Méru

DÉCÉDÉS

au Champ d'Honneur

AUBERT (Eugène), soldat au 43e régiment d'infanterie coloniale, tué à l'ennemi le 13 septembre 1914, à Réméréville (Meurthe-et-Moselle).

FÉLIX (André), soldat au 150e régiment d'infanterie, décédé le 13 octobre 1914, à l'hôpital mixte de Chartres.

LE BRUN (Arsène-Joseph), soldat au 128e régiment d'infanterie, décédé à Maurupt-Montoy (Marne).

HENRY (Alphonse-Armand), soldat au 128ᵉ régiment d'infanterie, décédé des suites de blessures de guerre, le 6 octobre 1914, à l'hôpital St-Charles de Ste-Menehould.

PETIT (Louis-Aimé), soldat au 54ᵉ régiment d'infanterie, décédé des suites de blessures de guerre, le 22 août 1914, à Cosne (Nièvre).

LACAILLE (Marcel), soldat au 67ᵉ régiment d'infanterie, décédé le 24 octobre 1914 à l'hôpital Ste-Anne de Toulon.

SWIETLINSKI Edouard-Michel, soldat au 54ᵉ régiment d'infanterie, décédé le 7 septembre 1914, des suites de blessures de guerre, à l'hôpital civil de Joinville.

MINEL (Fernand-Louis), soldat au 150ᵉ régiment d'infanterie, décédé le 13 septembre 1914 au combat de Courtil (Aisne).

MALE (Georges), sergent au 72ᵉ régiment d'infanterie, décédé des suites de blessures de guerre, le 17 septembre 1914, à l'ambulance n° 2.

LEMERLE (Louis-Florentin), soldat au 128ᵉ régiment d'infanterie, décédé des suites de blessures de guerre, le 2 novembre 1914, à l'hôpital temporaire 47 de Vichy.

MERCIER (Victor-Eugène), soldat au 251ᵉ régiment d'infanterie, décédé à l'hôpital Saint-Antoine de Paris, le 25 octobre 1914.

MATHYS (Grégoire-Albert), soldat au 26ᵉ bataillon de chasseurs à pied, tué à l'ennemi le 19 septembre 1914, à Chaumont-s.-Aire (Meuse).

WILLART (Henri-Victor-Constantin), soldat au 54ᵉ régiment d'infanterie, décédé des suites de blessures de guerre, le 9 novembre 1914, à l'hôpital mixte de Saumur.

JOLLIVET (Louis - Alexandre - Auguste), soldat au 51ᵉ régiment d'infanterie, tué à l'ennemi le 26 septembre 1914, à Vaulx-Vraucourt (Pas-de-Calais).

HENRY (René-Julien), soldat au 51ᵉ régiment d'infanterie, tué à l'ennemi le 27 août 1914, à Cesse (Meuse).

ADÉLAÏDE (Jules), soldat au 3ᵉ régiment de zouaves, décédé le 17 novembre 1914 au combat de Roclaincourt (Pas-de-Calais).

ROGER (Julien - Marcel - Ferdinand), soldat au 54ᵉ régiment d'infanterie, tombé au champ d'honneur à Cosnes (Meurthe-et-Moselle), le 22 août 1914.

POUPONNEAU (Charles), caporal au 22ᵉ régiment d'infanterie coloniale, tombé au champ d'honneur le 20 décembre 1914, au combat de Beauséjour (Marne).

SALLOT (Henri - Emile - Epiphane), soldat au 51e régiment d'infanterie, décédé des suites de blessures de guerre, le 23 novembre 1914, à l'ambulance n° 2 du 2e corps d'armée.

NANIOT (Eugène-Célestin-Constant), soldat au 128e régiment d'infanterie, tué à l'ennemi le 11 décembre 1914, au bois de la Gruerie (Marne).

BRÉHAMET (Alfred - Eugène), soldat au 51e régiment d'infanterie, tombé au champ d'honneur le 31 octobre 1914, à Vienne-le-Château (Marne).

HÉRON (Désiré-Emile), soldat au 51e régiment d'infanterie, décédé des suites d'une maladie contractée au service, le 21 janvier 1915, à Bar-le-Duc, hôpital complémentaire du lycée.

BAYARD (Maurice), du 272e régiment d'infanterie, tué à l'ennemi au combat de la Harazée, le 30 octobre 1914.

DELAPLACE (Jules-Louis-Eugène), soldat au 166e régiment d'infanterie, tombé au champ d'honneur le 21 décembre 1914, à Riaville (Meuse).

HARDY (Pierre), caporal au 254e régiment d'infanterie, tombé au champ d'honneur le 13 ou 14 septembre 1914, à Berry-au-Bac (Aisne).

DROIN (Jules), soldat au 153e régiment d'infanterie, décédé des suites de blessures de guerre, le 7 octobre 1914, à l'ambulance de Villers-Bretonneux (Somme).

DORNET (Aristide), caporal au 67e régiment d'infanterie, tombé au champ d'honneur le 21 février 1915, au combat des Eparges (Meuse).

BOUDEVILLE (Maurice-Alph.), soldat au 11e régiment territorial, tombé au champ d'honneur le 20 janvier 1915, au combat de Nieuport (Belgique).

KLEINHOLTZ (Fernd- Achille), soldat au 101e régiment d'infanterie, décédé des suites d'une maladie contractée au service, à l'hôpital temporaire no 20 de Châlons-sur-Marne, le 25 mars 1915.

ROGER (Emile-Gustave), maréchal des logis au 42e régiment d'artillerie, décédé des suites de blessures de guerre, à Buzancy (Ardennes), le 28 août 1914.

Décoré de la Médaille militaire.

PIERRE (Ferdinand), soldat au 51e régiment d'infanterie, décédé des suites de blessures de guerre à l'ambulance Saint-Charles, à Ste-Menehould, le 25 septembre 1914.

PRIOLET (Henri), maître ouvrier au 3ᵉ régiment du génie, tombé au champ d'honneur le 28 février 1915, à Mesnil-les-Hurlus.

DÉPONGE (Pierre-Benoît), aspirant au 155ᵉ régiment d'infanterie, tombé au champ d'honneur le 16 mars 1915, au bois de la Grurie.

QUILGARS (Jacques-Marie), soldat au 128ᵉ régiment d'infanterie, tombé au champ d'honneur le 6 avril 1915, à Riaville (Meuse).

DUBUT (Camille-Fernand), soldat au 51ᵉ régiment d'infanterie, tombé au champ d'honneur le 28 février 1915, à Mesnil-les-Hurlus.

Noms des Conseillers municipaux de Méru

MM. Bazin (Ulysse), mobilisé tempor.
Bergeret (Paul), mobilisé tempor.
Bloquet (Louis).
Brébant (Jules), 1er adjoint.
Cantrelle (Abel).
Dégremont (Gaston), mobilisé.
Deshayes(Louis),maire,mob.temp.
Desliens (Gustave).
Gaudelet (Eugène).
Hameau (Isidore), 2e adjoint.
Labrosse (Léon).
Legrand (Fulgence).
Maillard (Eugène).
Marchand (Ferdinand).
Melin (Cyrille).
Minel (Aimé).
Monloup (Antonin).
Morin (Auguste).
Pierre (Louis).
Saguez (Isidore).

PROTECTION
de la Population civile

A la date du 17 août, M. Deshayes, maire de Méru, prenait l'arrêté suivant :

Le Maire de la ville de Méru, chevalier de la Légion d'honneur,

Considérant qu'il importe, pendant la période de guerre, d'organiser la protection de la population civile et de faire appel au concours de tous les bons citoyens pour participer à cette organisation;

Arrête :

Article premier. — Il est constitué, sous la présidence du Maire ou à son défaut de ses Adjoints, une Commission générale de protection de la population civile de Méru qui sera divisée en quatre Sous-Commissions ainsi composées :

PREMIÈRE SOUS-COMMISSION

Finances et questions militaires. Questions diverses. Création de ressources financières. Souscriptions. Emploi des fonds. Contrôle de gestion des deniers.

Secours aux blessés et convalescents militaires. Correspondances avec les familles des militaires aux armées. Relations avec l'autorité militaire.

MM. Minel, Saguez Isidore, Desliens et Marchand, conseillers municipaux; MM. Ch. Fessart, André, pharmacien, Vaquette, industriel, Macrez, curé-doyen de Méru, Alphonse Bailly, Ponsin, juge de paix, Lalo, receveur des contributions indirectes, Leclercq, industriel, Lefèvre-Laire, commerçant, Dufour, agent d'assurances, Bargmann, propriétaire, Violette, notaire.

DEUXIÈME SOUS-COMMISSION

Ravitaillement de la population civile (alimentation, vêtement, logement, éclairage et combustibles). Soupes populaires et cantines.

MM. Fulgence Legrand, Bloquet, Léon Labrosse, Morin, conseillers municipaux; MM. Vernier, ordonnateur de l'hospice, Sageret, boucher, Delahaye, boulanger, Gautherin, Paul Allet, Faye, négociant, Calamard, restr, Pichavant, J. Brard, Galteau, Navarre-Deffaix, Devarenne-Vion.

TROISIÈME SOUS-COMMISSION

Chômage de la main-d'œuvre masculine (commerce, industrie et agriculture). Chantiers communaux.

MM. Melin, Maillard, Bergeret, Marchand, conseillers municipaux; MM. Angot,
industriel, Lignez père, industriel, Edouard
Jaggi, agriculteur, Damville, architecte,
Marquant, entrepreneur, Halotier, chef
cantonnier, François Méniel, commerçant,
Jules Potelle, industriel, François Bonnier,
entrepreneur de transports.

QUATRIÈME SOUS-COMMISSION

*Chômage de la main-d'œuvre féminine. Orga-
nisation d'ateliers. Secours aux enfants.
Garderies.*

MM^{mes} Louis Deshayes, Charles Fessart,
Paul Dégremont, Georges Dégremont, Ha-
bert, Tissot-Brébant, Thiébault-Brébant,
Virally-Gautherin, Ch. Bourgeois, Flon,
Théroude-Dumont, Félicie Bohers; MM^{lles}
Antoinette Rainvilliers, Marie Monloup;
MM. Carpentier, négociant, Chevalier, né-
gociant, Bourdon, négociant, Paul Boude-
ville; MM. Monloup et Cantrelle, conseil-
lers municipaux.

Art. 2. — Sont adjoints à cette Commission en qualité de secrétaires :

M. Vuillard, négociant, secrétaire général; MM. Paul Anger, Ernest Pouchat et
Paul Cantrelle, secrétaires.

Art. 3. — Les Sous-Commissions seront

convoquées séparément par les soins du Maire et constitueront dans le plus bref délai leur bureau, pour procéder ensuite à la mission qui leur sera expressément confiée.

Art. 4. — Aucune des décisions de cette Commission ne pourra être exécutée sans avis conforme du Maire ou de ses Adjoints.

Art. 5. — Les Sous-Commissions pourront, soit directement, soit par l'intermédiaire de leur bureau, faire appel au concours bénévole de toutes les personnes qu'ils jugeront nécessaire de s'adjoindre pour le bon accomplissement de leur mission.

Art. 6. — Procès-verbal sera tenu des travaux de chacune des Sous-Commissions ci-dessus instituées et le dépôt en sera fait aux archives municipales.

Fait à Méru, le 17 août 1914.

Louis DESHAYES.

*
* *

Les membres des Sous-Commissions se réunirent dès le surlendemain, 19 août, et nommèrent chacune leur bureau; plusieurs rapports furent fournis sur la question du chômage, notamment par MM. ANGOT et

Potelle, qui s'attachèrent spécialement à la recherche des moyens de procurer du travail aux ouvriers et ouvrières de la ville.

Tous les membres de la Commission méritent des félicitations pour l'empressement qu'ils ont mis à répondre à l'appel qui leur avait été adressé et pour le zèle qu'ils ont déployé si utilement en vue de limiter le chômage des ouvriers.

RAPPORT

sur l'Organisation et le Fonctionnement
des SOUPES POPULAIRES de Méru
(du 7 Août au 30 Novembre 1914)

Le 2 août, mobilisation générale.

Le 4 août, la guerre est déclarée.

Immédiatement, les nombreux ateliers de la laborieuse cité méruvienne se vident. Tous les travailleurs rejoignent leurs régiments. Beaucoup s'en vont pleins d'allégresse, mais le gousset peu garni.

En effet, les payes de fin juillet et du samedi 1er août ne se sont pas effectuées dans les conditions normales : les patrons n'ont pu réaliser les fonds nécessaires, car les banques ont restreint les versements de numéraire.

Ceux qui partent sont à peu près assurés du vivre et du coucher, mais il n'en est pas de même pour ceux qu'ils laissent !

Qui les nourrira ?

C'est alors que le Conseil municipal répond à cette question angoissante en faisant appel à toutes les bonnes volontés de la cité en détresse.

Nombreux sont ceux qui y répondent spontanément. Une liste de souscription ouverte à la mairie atteint un chiffre de plus de 10.000 francs.

Voilà donc une recette; il faut maintenant en organiser l'emploi en faisant au plus vite, car ceux qui ont faim ne peuvent attendre.

Un Comité spécial dit des « Soupes populaires de Méru » est formé. Des citoyens se chargent de l'organisation.

Où se fera la cuisine? A la mairie : un coin de la grande halle est aménagé à cet effet. Le chaudronnier voisin monte d'abord un fourneau; un deuxième, un troisième, un quatrième, un cinquième suivent. Des tables se montent et l'installation est prête.

Des commissaires vont aux vivres et l'entente est rapide avec les fournisseurs. Les prix sont très bas et tout le monde est d'accord.

De nombreuses dames s'offrent pour faire la préparation des aliments et des concitoyens généreux envoient à la formation de cette bonne œuvre du bois et du charbon;

d'autres mettent leurs potagers à la disposition du Comité.

Et, après trois jours de travail d'arrache-pied, on est prêt à faire la première distribution le 7 août.

A la porte, plus de 1000 bouches se présentent.

L'œuvre à peine ébauchée est presque parfaite : nos femmes et nos enfants n'auront jamais faim. Les papas et les frères peuvent aller tranquillement au devant de l'ennemi : la vie matérielle est assurée pour ceux qu'ils aiment et qu'ils ont laissés là !

*
* *

Le budget d'une œuvre aussi nouvelle et aussi rapidement mise sur pied était assez difficile à établir.

Combien aurons-nous de bouches à nourrir ?

Quelles seront les ressources dont nous pourrons disposer ?

Le fonctionnement pendant quatre mois permet aujourd'hui de répondre d'une façon précise à ces deux questions.

Les bouches à nourrir? Un graphique tenu au jour le jour en constate d'une manière saisissante les multiples fluctuations.

La charge aura été lourde jusqu'au 13 septembre et puis peu à peu tout se sera tassé et les distributions journalières seront devenues régulières.

Le 2 septembre, à l'approche des Allemands, le nombre des rations tombe de 1280 à 1120, par suite de l'évacuation volontaire d'une partie de la population ;

Le 7, la confiance renaissant, on regagne son foyer et on retrouve la bonne soupe populaire ;

Le 14, le premier paiement des allocations journalières aux femmes des mobilisés permit de réduire de 416 le nombre des rations ;

Le 3 octobre, la même cause diminua à nouveau le chiffre de 200 ;

Des revisions de listes aux ayants-droit firent également tomber le nombre à 680 le 12 novembre.

Enfin, le commencement de l'emploi de la main-d'œuvre civile aux travaux de fortification de la région réduisit encore ce nombre à 480.

Que donne-t-on à manger à nos pensionnaires ? Voilà le menu journalier :

Pain frais, 1ʳᵉ qualité. 0 kil. 500 par ration.
Viande,   —   0 kil. 125   —
Légumes,   —   0 lit. 250   —
Bouillon,   —   1 litre   —

Chaque femme a droit à une ration ; chaque enfant de 2 à 10 ans, une demi-ration ; et de 10 à 16 ans, une ration.

Et comme il faut aussi penser aux tou[t] petits, 50 litres de lait leur sont distribués journellement, à raison de un litre par enfant.

Devant l'affluence des bouches, du 7 août au 29 octobre, la distribution a été faite en deux fois : une moitié à midi et une moitié à 6 heures du soir. Depuis le 29 octobre, une seule distribution a lieu à midi.

Le nombre total des rations se décompose ainsi qu'il suit :

Du 7 au 31 août..	30.858
Du 1er au 30 septembre.	31.432
Du 1er au 31 octobre. ...	22.520
Du 1er au 30 novembre.	17.750
TOTAL... ...	102.570
Lait.... ...	Environ 3.450 litres.

Les denrées alimentaires employées pour la confection des soupes populaires et le prix moyen de chacune d'elles sont :

Pain blanc, 1re qualité. ... ... le kilo	0	40
Viande bœuf, — . ... —	1	80
Graisse... ... ... —	1	70
Carottes.. ... ... les 100 kilos	6	»
Poireaux. ... ... les 100 bottes	6	»
Choux. ... ... les 100 pièc.	20	»
Sel . ... les 100 kilos	25	»
Navets ... ... les 100 bottes	6	»
Lait ... ... le litre 0.15, 0.18,	0	20

Le combustible employé à la cuisson des aliments coûte en moyenne :

Charbon de terre.. 50 fr. les 1000 kilos.
Bois de fagots.. ... 50 fr. les 100 pièces.
Bois de déchets ... 10 fr. le stère.

Ceci établi, abordons maintenant la question financière.

Le budget de dépenses clos le 30 novembre par le trésorier de la Commission se chiffre par une somme de 46.848 80
Dépense de lait : 3.450 lit. à 0.175. 603 75

Reste pour la soupe.. ... ... 46.245 05

D'où il appert que le prix moyen de la ration ressort à $\dfrac{46.245\ 05}{102.570} = 0\ 451.$

Pour balancer cette somme, l'actif se chiffre ainsi qu'il suit :

Souscription publique du 2 août
au 30 novembre. 16.060 10
Souscription votée le 3 août par
le Conseil municipal... ... ... 10.000 »

Total... ... ... 26.060 10

SITUATION

Total des dépenses. 46.848 80
Total des souscriptions .. 26.060 10

Déficit... ... 20.788 70

Laquelle somme a été avancée par le Président de la Commission, qui est créancier des soupes populaires sans avoir de contrepartie à l'heure actuelle et sans préjudice pour l'avenir.

Si nous examinons cet avenir, pour en terminer, et que nous réduisions au minimum le nombre des rations, nous trouvons qu'il faudra mensuellement :

31 jours à 400 rations à 0 fr. 50 : 6.200 fr.

Signalons aussi que le prix de 0 fr. 451 (prix de revient de la ration) a été porté à 0 fr. 50 parce que les dons en nature, combustible et légumes sont en partie épuisés et qu'il faut maintenant les acheter.

Dressé à Méru, le 1er décembre 1914.

Le Rapporteur : G. DAMVILLE.

COMITÉ DES SOUPES POPULAIRES

Président. — M. GAUTHERIN, propriétaire.

Délégués aux achats. — MM. BLOQUET, conseiller d'arrondissement, conseiller municipal; LEGRAND, commerçant, conseiller municipal.

Secrétaire. — M. CANTRELLE, comptable, conseiller municipal.

Trésorier. — M. Paul ALLET, manufacturier en boutons.

Membres. — MM. MINEL, ouvrier en boutons, conseiller municipal; LABROSSE, ouvrier en boutons, conseiller municipal; MORIN, charcutier, conseiller municipal.

*
* *

Disons de suite qu'à l'heure actuelle les soupes continuent encore à alimenter une certaine petite partie de la population malheureuse, et je crois pouvoir dire aussi que grâce à notre bonne administration, qui ne veut pas compter, elles fonctionneront jusqu'à la fin de cette horrible guerre.

A cette occasion, qu'il me soit également permis d'apporter des remerciements à tous ceux qui ont contribué à l'alimentation et au bon fonctionnement de cette belle œuvre municipale.

Aux donateurs, qu'il me suffise de dire qu'ils sont nombreux; et aux organisateurs, qu'ils sont admirables de dévouement.

A citer, parmi ces derniers : M. Léon LABROSSE, conseiller municipal, qui n'a pas manqué une seule fois d'être à son poste ; et M. François MONFORT, qui l'a suivi de très près pendant longtemps.

Bien d'autres encore ne ménagent pas leurs instants ; à tous des félicitations et des compliments bien sincères.

L'Œuvre du Secours national, dont le siège est à Paris et qui groupe dans une étroite union toutes les bonnes volontés, de quelque parti ou de quelque religion qu'elles soient, a bien voulu faire parvenir, à la fin du mois d'avril, au Comité des Soupes populaires de Méru, la somme de mille francs à titre de subvention.

Qu'il me soit permis d'adresser ici, au nom de tous nos concitoyens, de chaleureux remerciements aux membres dévoués de cette noble Association.

LISTE DE SOUSCRIPTION
pour Secours immédiats

M. Bargmann, propriétaire... ...	500
Mme Coron, propriétaire...	200
M. Gautherin, propriétaire... ...	500
M. André, pharmacien	250
M. Fessart, propriétaire...	500
M. Navarre-Defaix, m^d de vins.	50
M. Hameau, adjoint	50
M. Lefort, pharmacien	50
Mme Rainvillé, propriétaire... ...	300
M. Potelle, fabricant...	50
M. Fessart (2e versement)	500
M. Angot, fabricant	300
Mme veuve Petit, chaussures ...	50
M. Brébant, adjoint	100
MM. Lignez père et fils, fabric.	300
M. Macrez, curé-doyen	100

A reporter... ...	3.800

Report... ...	3.800
M. Rais, vicaire.	50
M. Habert, percepteur.	50
Mlle Madeleine Potelle..	50
M. Jarrossay, épicier...	50
M. Paul Delon, négociant.	100
M. et Mlle Longuet..	200
Mme veuve Chapelain, négoc. ...	200
M. Fulgence Legrand..	50
M. et Mme Lefèvre-Nicolle.	100
Mme veuve Jaggi	100
M. Ponsin, juge de paix	20
L'Harmonie de Méru...	100
M. Eugène Duprès.	20
M. Collery, rentier.	30
Les Enfants de Marie..	30
Mme des Pallières	100
M. Desliens, propriétaire...	50
M. Gendre, direct^r usine à gaz...	25
M. Cortési, pâtissier	30
Les deux Patr^{ges} de jeunes filles.	100
M. Malin, propriétaire.	50
M. Vaillant, imprimeur-libraire.	50
A reporter... ...	5.355

Report... ...	5.355
Mme Delatte, propriétaire..	200
Mme Laire, propriétaire	200
L'Association des Mères chrét.	200
Mme James, propriétaire...	500
M. G. Anger, secrétaire mairie...	20
M. Brochard, receveur munic...	20
M. Desforges, pharmacien	250
M. Henri Maillard, comptable...	100
M. Degaast, entrepr. peinture ...	50
Le Patronage Saint-Lucien... ...	50
M. Henri Lefèvre, propriétaire...	50
MM. Pichavant, Bloquet & Allet (Association)...	50
M. Bailly, propriétaire.	500
M. Dalbert, huissier	100
M. Monpain, mécanicien..	50
M. Galland, rentier.	100
M. Violette, notaire	100
M. Hallot, instituteur honoraire.	20
M. Jumel, propriétaire	50
M. Lebec, boulanger...	40
M. Boulanger, épicier..	50
A reporter... ...	8.055

Report... ...	8.055
MM. Gauthier & Marc, entrepr[s].	50
M. Desbled-Marc	20
M. Moreaux, épicier	20
Mme Boignard	100
M. Poulet-Perpignan...	50
M. Bezançon-Doliger...	50
M. Léon Maréchal..	30
M. Lefèvre-Laire, épicier.	100
M. Alexis Prévoté...	25
Mlle Suzanne Duprès	10
MM. Remlinger frères.	30
M. Louis Suleau	20
M. Paul Cantrelle...	20
« La Méruvienne » (gymnastique)	100
MM. Dumont & Cie, banquiers...	500
M. Carpentier, nouveautés	50
M. Plet, épicier..	25
Mme Amélie Dumont...	25
M. Gustave Dumont	100
M. Simon, bijoutier	5
Mlle Marguerite Bernard...	50
M. Lapersonne, voyageur.	20
A reporter... ...	9.455

Report... ...	9.455
Fanfare « l'Union Musicale ». ...	100
M. Jules Brard..	50
M. Charles Bezançon...	100
Mlles Létondot	50
Div. personnes, par M. le Doyen.	100
M. Bezançon-Oriot.	50
Mme Prévost-Bezançon.	20
MM. Walter Drésel & Cie..	100
M. Galteau, rentier.	50
M. Georges Dégremont	100
Mme Bécret-Longuet, de Braisnes	100
M. Dalzat d'Arsac...	20
M. Delbrouck, fabricant...	50
Les Sapeurs-Pompiers	100
M. Marquant, entrepreneur... ...	50
M. Prévost-Lesbroussart..	100
MM. Walter Drésel & Cie (2e vers.)	400
Mme Tainturier, née Létondot, de Tarare (Rhône).	5
M. Louis Deshayes, député... ...	500
M. Lalo, recev. contr. indirectes.	20
M. Bargmann (2e versement) ...	500
A reporter... ...	12.020

Report... ...	12.020
M. Vaquette, industriel	250
Mme Schréder, mercière	25
M. Julien Doudelle.	500
M. Charles Bourgeois, notaire...	1.000
M. Violette, notaire (2ᵉ versem.).	1.000
M. Bargmann (3ᵉ versement). ...	500
M. Salentin, propriétaire..	100
M. Carpentier, nouveautés (2ᵉ v.).	100
M. Suleau, caisse d'ép. (2ᵉ vers.).	5
M. Delbrouck (2ᵉ vers.)	10
M. Gabriel Mahieu.	10
Total...	15.520

SOUSCRIPTION

POUR

Achat de Lainages aux Soldats

Mme Louis Deshayes...	20	»
M. Hameau..	10	»
M. Brébant-Crouzet	10	»
M. E. Duprès	10	»
M. Maillard-Tollier	10	»
M. Cantrelle.	5	»
M. Ch. Prévost..	5	»
M. Moreaux.	5	»
M. G. Mahieu	10	»
M. Lefort, pharmacien ... ..., ...	3	»
Mme veuve Carpentier.	5	»
Mme des Pallières...	20	»
M. Delbrouck...	10	»
TOTAL...	123	»

Produit du Tronc de l'Hôtel de Ville

24 octobre 1914.	62	»
27 octobre 1914.	2	45
5 novembre 1914	17	80
8 novembre 1914	48	20
24 novembre 1914	46	20
9 décembre 1914	13	30
11 décembre 1914	41	25
9 janvier 1915	38	90
26 janvier 1915	32	40
13 février 1915	29	85
4 mars 1915 .. ... .,.	24	75
18 mars 1915.	28	80
3 avril 1915	27	50
22 avril 1915.	24	40
6 mai 1915	33	70
Total	**471**	**50**

GARDE CIVIQUE

Le 13 août 1914, M. le Préfet de, l'Oise adressait à M. le Maire de Méru 12 feuilles d'engagement devant être signées des gardes civiques qui formeront le détachement de Méru.

Et conformément à son arrêté, le détachement aura deux chefs d'escouade (cinq hommes par escouade).

MM. Ernest VIOLETTE et Louis BERGERET sont nommés chefs d'escouade. Ils recevront à ce titre une indemnité de 3 fr. 50 par journée de service effectif.

Sont nommés gardes civiques :

MM. AMORYS (Jules),
Bossu (Emile),
BRIQUEBEC (Henri),
DANEL (Adrien),
KAISER (Joseph),
LEVALLARD (Emile),
MASSE (Joseph),
MASCRÉ (Eugène),
QUIGNON (Adrien),

avec une indemnité de 3 francs par journée de service effectif.

Et le 14 août M. le Maire de Méru, considérant que le nombre de gardes civiques mis à la disposition de la commune de Méru, par décision de M. le Préfet de l'Oise, est insuffisant pour assurer d'une façon complète le maintien de l'ordre et de la sécurité générale que l'état de guerre imposera dans la commune, demande la création d'un corps complémentaire de gardes communaux composé d'une escouade de six hommes, sous le commandement d'un brigadier et d'un sous-brigadier.

Ces gardes communaux seront armés d'un revolver et porteront comme insigne un brassard distinct de celui des gardes civiques nommés par M. le Préfet.

L'indemnité sera la même.

Le 18 août, cette demande recevait l'approbation préfectorale.

M. Charles Janot est nommé aux fonctions de brigadier-chef et sans solde, sur sa demande.

Sont nommés gardes communaux :

MM. Armante (Léon),
      Gueffe aîné,
      Rousseau (Céleste),
      Dhérin (Joseph),
      Male (Edouard),
      Hotte (Ernest),
      Vanderhaeghe (Louis), sans solde.

Copie de l'engagement

« L'an mil neuf cent quatorze, le seize
« août, s'est présenté devant nous, Maire
« de la ville de Méru (Oise), M.   ,
« né le   , résidant à Méru, dégagé
« de toute obligation militaire, lequel a dé-
« claré accepter, en cas de mobilisation et
« pour la durée de la guerre, de coopérer,
« sous l'autorité du Maire de Méru, au main-
« tien de l'ordre et de participer aux me-
« sures de sécurité générale, en qualité de
« garde civil sur le territoire et dans la
« commune de Méru.

« Il pourra se munir d'un revolver et de
« cartouches, s'il le juge nécessaire.

« Nous avons reçu la déclaration de
« M.   , qui a promis de servir
« avec honneur, fidélité et discipline dans
« le corps spécial des gardes civils de
« Méru, d'exécuter avec zèle et dévoue-
« ment les ordres qui lui seront donnés et
« qui auront pour but d'assurer le respect
« des lois et la sécurité publique, de ne pas
« rompre son engagement sans l'autorisa-
« tion du Maire.

« Lecture faite à M.   , du pré-
« sent acte et a signé avec nous, le 16 aout
« 1914. »

L'ordre de la dissolution de la garde civique et de la destruction des brassards a été donné téléphoniquement le samedi 29 août, veille de l'évacuation du parc à bestiaux.

Journée du Drapeau Belge

Cette belle journée, organisée le 20 décembre au profit de nos malheureux alliés les Belges, a produit à Méru un joli total de **883 fr. 30.**

Noms des Quêleuses :

MM^{lles} G. ANGOT, S. PRÉVOST, L. ANGOT, G. PRÉVOST, M. FLEURY, M.-M. DECÉRICOURT, A. PRÉVOST, G. BAZOT, L. GŒURY, M. ROUGIER, L. CARON, S. MOURIEZ, C. LEROUX, A. LEROY, L. BRÉBANT, D. ANDRÉ, M. PERRAUDIN, DESCOUBÈS.

Journée du 75

Le 7 février, c'était le tour de notre mémorable **75**.

Voici, par communes respectives du généreux canton de Méru, le résultat obtenu de cette autre non moins jolie journée :

Amblainville.	86	45
Andeville.	350	»
Anserville.	72	»
Bornel.	440	10
Chavençon.	67	»
Corbeil-Cerf.	110	30
Esches.	102	95
Fosseuse.	26	20
Fresneaux.	207	05
Hénonville.	346	»
Ivry-le-Temple.	185	»
Lardières.	30	15
Lormaison.	107	55
Méru.	1003	»
Montherlant..	40	»
Monts...	26	»
Neuville-Bosc.	227	»
Pouilly.	34	75
St-Crépin-Ibouvillers..	150	50
La Villeneuve-le-Roy..	136	25
Total... ...	3.748	25

Ces chiffres sont suffisamment éloquents. Le « Touring-Club » a le droit d'être fier de sa noble initiative.

Noms des Quêteuses :

Méru.—MM^{lles} Y. PERRAUDIN, ELLUIN, M. MONLOUP, LECLERC, A. PRÉVOST, G. BAZOT, M. ROUGIER, L. GŒURY, C. LEROUX, A. LEROY, G. LEGRAND, M. POTELLE, L. CARON, S. MOURIEZ, L. BRÉBANT, M. BERNARD, M. FLEURY, D. ANDRÉ, G. PRÉVOST, S. PRÉVOST, M.-M. DECÉRICOURT, J. DOUDELLE.

Andeville. — MM^{lles} LEFORT, DUBOIS, BOURGON, LECOMTE, BÉNARD, FAUVEAU, MASCRÉ, MACRY, DURAND, DEVARENNE, GRANDIN, BLANCEY.

Corbeil-Cerf. — MM^{lles} VANGRUNDERBECQ Fernande, ROGUEZ Yvonne, BARBIER Léonce, GORENFLOT Berthe.

Esches. -- MM^{mes} HENNEGUY Henri, LEFÈVRE-DEMONCHY ; MM^{lles} HUPPE, de Liécourt, LEROY, de Lalande.

Hénonville. — MM^{lles} CÉDILLE Suzanne, JUBERT Marcelle, CÉDILLE Blanche, THIERRY Olga, SALENTIN Claire.

Ivry-le-Temple. — MM^{lles} FALAISE Germaine, TRUFFAUT Julia, TALEUX Simone, CARBON Madeleine.

La Villeneuve-le-Roy. — MM^{lles} DENOYELLE René Marguerite, MOREAU Marguerite, GRIVOT Geneviève, DELONCA Eugénie.

Lormaison. — MM^{lles} LESBROUSSART Ad^{enne}, HANNON Marguerite, DORNEVAL Madeleine, HENRY Germaine.

Monts. — Mme PRÉVOST Marie.

Neuville-Bosc. — MM^{es} TIFFIER, LEFÈVRE, CHOQUET.

Pouilly. — MM^{lles} POITTEVIN Juliette, PEUVEN Anne-Marie.

Saint-Crépin-Ibouvillers. — MM^{lles} BELNER, FARROIS Marcelle, FIOT Georgette, LIEBBE Canélia, FLET Cécile, SURUGUE Lucienne, VAILLANT Madeleine, VAILLANT Suzanne.

NOUVELLES DIVERSES

Allocations militaires

Sous la présidence de M. Ponsin, juge de paix, la Commission des allocations militaires fonctionne toujours normalement.

Son labeur est rude et extrêmement difficile.

Hospice de Méru

Pendant les plus mauvais jours, l'hospice a toujours été sous la bonne direction de M. N. Vernier, qui ne s'est pas départi un seul instant de sa ligne de conduite.

Pommes de terre

Le Préfet de l'Oise a fait parvenir à la mairie de Méru 10.000 kilos de pommes de terre donnés par les cultivateurs de la Creuse. 5.000 kilos ont été envoyés dans les communes du canton de Méru et 5.000 kilos ont été gardés pour les pauvres de la ville.

La distribution a été faite vers la fin de novembre.

Des remerciements ont été envoyés à M. le Préfet de l'Oise le 25 novembre 1914.

Gardes-Voie

Les gardes-voie sont restés des nôtres.

MM. VIOLETTE, notaire, et CARPENTIER (Nouveautés) se sont diligentés pour mettre à la disposition de ces derniers un logement de la Société des Habitations ouvrières.

Parfait !

ÉTAT CIVIL DE MÉRU

NAISSANCES

Juillet 1914

31 juillet. — Denise-Marie-Louise Picard, 18, rue d'Agnicourt.

— Hélène-Sophie Plichon, 21, rue de la République.

Août

7 août. — Marcel-Raymond Cornier, 6, rue Charles-Boudeville.

12. — Raymonde-Berthe Parmentier, 27, rue Charles-Boudeville.

14. — Raymond-Abel-Alexis Coquelet, 15, rue de Beaumont.

25. — Suzanne-Blanche Harter, 56, rue Nationale.

27. — Mathilde-Emilie-Eugénie Bricquebec, 21, rue de la République.

29.—Eliane-Lucienne-Gisèle Lecoanet,
9, rue Jean-Jacques-Rousseau.

30. — Georgette-Louise Desroches, 10,
rue d'Agnicourt.

— Georges-Gaston Desroches, 10, rue
d'Agnicourt.

Septembre

3 septembre. — Andrée-Fernande-Ju-
liette Prévost, 6, rue Pasteur.

Octobre

2 octobre. — Héloïsa-Ange Flamant,
23, rue de la République.

7. — Denise-Marcelle Ségault, 8, rue
Charles-Boudeville.

12. — Paul-Jean-Lucien Lefèvre, rue
de Lardières.

15. — Georges-Emile Dumont, 9, rue
de Beauvais.

21. — Olga-Odette Fady, 45, rue de
Beaumont.

22. — Raymonde-Andrée Vaillant, 16, rue de Lardières.

— Robert-Guilbert Macron, 11, rue de Pontoise.

26. — Madeleine-Pulchérie Bayart, 2, rue Marceau.

29. — Marcelle-Pauline Bouton, 40, rue de Beaumont.

Novembre

2 novembre. — Yvonne-Henriette Ramu, 58, rue Nationale.

3. — Roger-Raymond-Marcel Briard, 6, rue Nationale.

8. — Suzanne-Roberte Guillard, 1, rue de Beauvais.

16. — Denise-Lucie Michel, rue de Beaumont.

22. — Georges-Lucien-Carolus Cauchois, 16, rue de la République.

30. — Marius-Baptiste-Valentin Erard, 24, rue basse de Beaumont.

Décembre

12 décembre. — Gabrielle-Henriette Lécrivain, ancienne cantine.

17. — Gaston-Lucien-Désiré Violette, 26, rue de la République.

24. — Maurice-Charles-Aimé Nouvion, 1, rue de Beauvais.

30. — Roger-Maurice Hébert, 22, rue Baudier.

31. — Rolande-Alberte Daquembronne, 43, rue d'Agnicourt.

Janvier 1916

2 janvier 1915. — Odette-Maximilienne Vérité, 18, rue de Lardières.

6. — Suzette-Louise Foucher, 21, rue d'Andeville.

23. — René-Abel Borgeon, 21, rue de Beaumont.

— Hortense-Victoria Mansard, 35, rue d'Agnicourt.

— Paulette-Marguerite Corbay, 6, rue Pasteur.

28. — Pierre-Henri Brochard, 16, cité Fessart.

30. — Albert-Christian Jaggi, 2, rue de Pontoise.

Février

5 février. — Marcelle-Henriette Lamoureux, 18, rue Mimaut.

6. — Jules Julien, 21, rue Chanzy.

8. — Albert-Louis-Eugène Bourguignon, 15, place de l'Hôtel-de-Ville.

12. — Paulette-Marie-Louise Lefrançois, 25, rue Nationale.

13. — Rose-Augustine Hessique, 30, rue d'Agnicourt.

16. — Robert-René-Clément Piet, 25, rue Nationale.

17. — Henriette-Augustine-Léonce Marcellin, 13, place de l'Hôtel-de-Ville.

23. — Gilbert-Maurice-Roland Padez, route d'Andeville.

27. — Marcel-Raymond-Albéric Cocu, 60, rue Nationale.

28. — Paulette-Estelle-Julia Flamant, 23, rue de la République.

Mars

4 mars. — Lucien-Robert-Fulbert De-
hurtevent, 16, rue d'Agnicourt.

9. —- Adrienne-Mathilde Duclay, 13,
rue du Docteur-Gey.

17. — Lucien-Théophile Guénard, 39,
rue d'Agnicourt.

21. — Louis-Charles Bloquet, 72, rue
Nationale.

31. — Gisèle-Armande Dupin, 26, rue
Baudier.

Avril

4 avril. — Pâquerette-Louisette-Camille
Delaplace, 23, rue de la République.

5. — Joffre-Armand Lejeune, 13, rue
Théodore-Gérard.

6. — Suzanne-Marie Bréhamet, 25, rue
Nationale.

7. — Georgette-Louisette Laurent, rue
de Beauvais.

10. — Claire Monmirel, 9, rue Chanzy.

13. — Andrée-Marcelle Guérin, 18, rue
de Lardières.

14. — Jacques-Henri Moulin, 110, rue Nationale.

23. — Raymonde-Eugénie Alphonse, 12, cité Fessart.

— Edouard-Henri Descoings, 7, rue d'Agnicourt.

25. — Mauricette-Albertine Decéricourt, 45, rue de Beaumont.

— Violette-Henriette Dourlens, 15, rue du Docteur-Gey.

26. — Marceau-Romain Guillotte, 18, rue de Lardières.

27. — Aliette Bisset, 30, rue Ernest-Renan.

29. — Fernand Minel, 26, rue d'Agnicourt.

— René-Cyrille Mélin, 8, rue Chanzy.

Mai

4 mai. — Paul-André Fruitier, 9, cité Fessart.

MARIAGE

9 novembre. — M. Lucien-Gustave Martin et Mlle Marthe-Marie-Joséphine Marquant.

DÉCÈS

Août 1914

2 août. — Jules-Henri-Joseph Cœugniet, 48 ans, 20, rue de la République.

6. — Léonie-Marie-Joséphine Féré, veuve Gorgillet, 73 ans, 7, r. d'Agnicourt.

9. — Marie-Aldégonde-Herménie Benoit, femme Postel, 66 ans, 55, rue Ernest-Renan.

15. — Aimée-Céline Leblond, veuve Anger, 60 ans, rue Jeanne-d'Arc.

20. — Gustave Dumont, 66 ans, 65, rue Nationale.

23. — Sidonie-Julie-Georgette Ledru, 3 mois, ruelle du Bouloir.

— Marie-Françoise Gélard, 29 ans, 21, rue de Lardières.

25. — Henri-Alfred Legros, 7 ans, 22, rue d'Agnicourt.

— Charles-Joseph Prieux, 55 ans, 25, rue Nationale.

Septembre

4 septembre. — Pierre-Constant Caffin, 61 ans, 5, rue Moufflette.

13. — Henriette-Pélagie Guérin, veuve Lenormant, 90 ans, place du 14-Juillet.

— Arthur-Eugène Dournet, 35 ans, 25, rue Nationale.

14. — Georgette-Louise Desroches, un mois, 10, rue d'Agnicourt.

22. — Adélaïde-Caroline Petit, veuve Desbœufs, 86 ans, 13, rue Gambetta.

28. — Léopoldine-Angélina Lemaire, veuve Maumené, 74 ans, 6, r. Nationale.

Octobre

2 octobre. — Jean-Louis-Joseph Payen, 63 ans, 7, rue d'Andeville.

— Achille-Constant Vaast, 69 ans, 91, rue de Beaumont.

4. — Léontine Ragot, 35 ans, 1, rue Jeanne-d'Arc.

24. — Philibert-Henry Morel, 64 ans, 13, rue Baudier.

26. — Jean-Baptiste-Firmin Boubet, 73 ans, hospice de Méru.

27. — Edmond Chuette, 35 ans, 25, rue d'Agnicourt.

Novembre

10 novembre. — Xavier-Octave-Jules Bricquebec, 3 ans, 21, rue de la République.

12. — Raymonde-Berthe Parmentier, 4 mois, 27, rue Charles-Boudeville.

16. — Germaine-Marcelle Hérault, 7 ans, 49, rue de Beaumont.

18. — François Bellier, 72 ans, 8, rue Mimaut.

20. — Jules-François-Nicolas Prévost, 86 ans, 8, rue Voltaire.

21. — Antoine-Albert Brun, 17 ans, 4, place de l'Hôtel-de-Ville.

25. — Julienne-Amélie Louis, 38 ans, 8, rue Lakanal.

Décembre

4 décembre.— Herminie Cœuille, veuve Padez, 36 ans, rue Baudin.

5. — Catherine - Geneviève - Angélina Lemaire, femme Ramu, 36 ans, 58, rue Nationale.

5. — Octave Thos, 32 ans, 51, r. d'Agnicourt.

14. — Florentine-Eugénie Marchand, veuve Doudelle, 66 ans, 10, rue Voltaire.

15. — Marie-Lucie Marc, femme Rousseau, 32 ans, 34, rue d'Agnicourt.

21. — Antonin Monloup, 56 ans, 4, rue Bobillot.

Janvier 1915

3 janvier 1915. — Marie-Louise-Joseph Buisine, veuve Cappe, 76 ans, 42, rue de Beaumont.

13. — Louise-Henriette-Julienne Deschamps, veuve Taveaux, 53 ans, 28, rue Nationale.

— Christiane-Eugénie David, 2 ans, 40, rue de Beaumont.

15. — Ferdinand-Joseph-Jules Wallon, 68 ans, 18, rue d'Andeville.

16. — Irma-Louise Cocheteux, 11 ans, 1, rue d'Agnicourt.

— Lucien-Louis Erard, 25 ans, 24, rue de Beaumont.

19. — Edouard-Michel Taquet, 38 ans, 11, cité Fessart.

31. — Raymond-Eugène Alphonse, 2 ans, 12, cité Fessart.

Février

3 février. — Victor-Honoré Dupont, 75 ans, 1, impasse Solon.

3. — Aimé-Joseph Noël, 1 an, 9, cité Fessart.

4. — Andrée-Yvonne-Gabrielle Lévêque, 6 ans 1/2, rue de Gisors.

7. — Aurélie-Marceline-Rose Talon, veuve Cronnier, 17, rue d'Agnicourt.

11. — Georges-Auguste-Arsène-Jean-Baptiste Laurent, 43 ans, r. de Beauvais.

12. — Marie-Julienne Guiboud, veuve Bourguignon, 43 ans, 57, r. de Beaumont.

15. — Opportune-Alphonsine-Ismérie Gacongne, veuve Thierry, 72 ans, 16, avenue Victor-Hugo.

25. — Edmond-Félix Canu, 62 ans, 25, rue d'Agnicourt.

Mars

4 mars. — Emile-Anatole-Eugène Des-
guingatte, 66 ans, 59, rue d'Agnicourt.

6. — Georges-Louis-Alexis Guillard,
3 ans, rue de la Bienfaisance.

7. — Henriette-Marie-Madeleine Royer,
2 ans, rue Baudier, 17.

10. — Anselme Nitzer, 81 ans, 4, rue
Diderot.

12. — Adr^{ne}-Mathilde Duclay, 3 jours,
13, rue du Docteur-Gey.

13. — Louis-Gustave Lecoufle, 56 ans,
18, rue de Lardières.

28. — Pierre-Julien Jardin, 80 ans, 32,
avenue Victor-Hugo.

Avril

6 avril. — Denise-Honorine Bizet, 75
ans, 63, rue Nationale.

7. — Gabriel-Ernest Rogeaux, 33 ans,
place de l'Hôtel-de-Ville.

9. — Jean-Jacques-Auguste Schréder,
71 ans, 7, avenue Victor-Hugo.

11. — Renée-Elise Boitel, 3 ans, 1 *bis*, rue du Docteur-Gey.

14. — Ludge-Luc-Fernand Bourgoin, 48 ans, 1, rue Voltaire.

16. — Désirée Cahier, veuve Melin, 64 ans, 15, rue d'Agnicourt.

26. — Frédéric-Désiré Auger, 54 ans, hameau d'Agnicourt.

— Pierre-Henri Quilgars, 4 ans, 11, rue de Lardières.

28. — Marie-Joséphine Laplace, femme Lotte, 66 ans, rue d'Agnicourt.

Mai

1er mai. — Emmanuel Delbecq, 76 ans, 19, rue de Pontoise.

3. — Georges Rosello, 34 ans, 11, rue du Docteur-Gey.

Impr. du *Réveil de Méru*, 8, rue Diderot, Méru.

9 782019 938802